Couleur et lumière

Kunstsammlungen Chemnitz
5. 12. 2004 – 27. 2. 2005

Couleur et lumière

französische Malerei von 1870 bis 1918

Werke aus dem Wallraf-Richartz-Museum – Fondation Corboud, Köln

Herausgegeben von
Ingrid Mössinger und Beate L. Ritter

KERBER VERLAG

Die Ausstellung steht unter der Schirmherrschaft
Seiner Exzellenz des Botschafters der Republik Frankreich.

Mit freundlicher Unterstützung

Inhalt

Grußwort 7
Gérard J. Corboud

Einführung 9
Ingrid Mössinger

Abbildungen 13

Biografien und Bildlegenden 81

Grußwort

Es gibt für einen Sammler sicherlich nichts Schöneres, als über seine Bilder zu sprechen oder zu schreiben.

Wer eine Ausstellung besucht und Gefallen findet an der dort gezeigten Kunst, stellt sich vielleicht die Frage, was das für ein Mensch ist, der diese Bilder zusammengetragen hat, und warum gerade diese.

Schon sehr früh haben schöne Gemälde mit leuchtenden Farben mein Interesse geweckt. Als Textilindustrieller hatte ich schon vor vierzig Jahren mit Zeichnung, Kunst und Gemälden zu tun. Auf unzähligen Reisen im In- und Ausland nutzte ich die Gelegenheit, in den Museen vor Ort Kunst intensiv zu studieren.

Nach einigen Käufen von zeitgenössischen und expressionistischen Bildern habe ich schließlich zu meiner wahren Liebe gefunden: *den Impressionisten!!*

Leider wurden die großen Namen sehr schnell zu teuer und viele waren nicht mehr erhältlich. Ich entdeckte auf meinen Reisen die „Postimpressionisten" und dann auch die „Pointillisten" für mich. Diese waren noch nicht so bekannt und daher zu dieser Zeit noch einigermaßen preiswert zu erwerben.

Es ist faszinierend festzustellen, dass Georges Seurat – der „Vater" des Pointillismus - mit einem ersten Bild dieser Stilrichtung zum ‚Salon des Refusés', also der ehemals selbst Abgewiesenen, im Jahre 1884 nicht zugelassen wurde. Daraufhin gründete Seurat mit Künstlerfreunden noch im selben Jahr die ‚Société des Artistes Indépendants'.

Alle namhaften Maler dieser Zeit – Gauguin, Pissarro, Matisse, Luce, Cross und sogar van Gogh verschrieben sich – zumindest zeitweise – dem Pointillismus. Damals wie auch heute suchen Maler immer wieder Veränderung, um neue Ideen auf die Leinwand zu bringen. Kunstkenner behaupten, dass der Pointillismus ein Wegweiser der modernen Kunst war.

Viele Besucher dieser Ausstellung werden sich fragen, warum ein geborener Schweizer seine Sammlung nach Deutschland gebracht hat. In der Schweiz gibt es sehr viele Stiftungen und Museen mit einer starken Präsenz von impressionistischen Bildern. Im Vergleich dazu sind in den deutschen Museen Werke moderner französischer Kunst aus der Zeit zwischen 1875 und 1925 quantitativ nicht so stark vertreten. Vielleicht wegen der beiden Weltkriege und der politischen Entwicklung des Dritten Reiches, in deren Folge Bilder beschlagnahmt, verkauft oder sogar zerstört wurden.

Aufgrund meines langen Aufenthaltes in Köln und meiner Zugehörigkeit zum Kuratorium des Wallraf-Richartz-Museums und „last but not least" wegen meiner Frau, die aus Köln stammt, ist die Fondation Corboud mit dem Hauptteil meiner Sammlung in diese Stadt gelangt. Der großartige Vorschlag des Rates der Stadt Köln, meine Fondation und die dazugehörigen Bilder in das neu gebaute Wallraf-Richartz-Museum zu integrieren, hat mich überzeugt. Daraus resultierte auch die Entscheidung, dem Museum den neuen Namen „Wallraf-Richartz-Museum - Fondation Corboud" zu geben.

Dadurch ist das Wallraf-Richartz-Museum – Fondation Corboud in Deutschland zum Museum mit der quantitativ größten Postimpressionisten-Sammlung geworden. Die Zeit zwischen 1875 bis 1925 ist mit über 200 Bildern vollumfänglich vertreten.

Ich freue mich, dass ein Teil meiner Sammlung jetzt auch in den Kunstsammlungen Chemnitz zu sehen ist, und hoffe, dass sich viele Besucher daran erfreuen werden.

GÉRARD J. CORBOUD, BLONAY

Einführung

„Couleur et lumière" zeigt sechzig Gemälde aus der Sammlung Corboud, die zwischen 1870 und 1918 entstanden. Während dieser Epoche hatten sich die Künstler nach und nach aus dem Atelier befreit, verzichteten auf die Zeichnung zugunsten einer freieren Malweise und ersetzten dunkle Interieurs durch im Tageslicht gleißende, bunte Farben. Wichtige Lehrer auf diesem Weg waren Jean-Baptiste Camille Corot und Gustave Courbet. *„Unter den Anhängern Corots"*, sagte man damals, *„befinden sich all jene, die weder zeichnen noch malen können und hoffen, unter seinem Banner mühelos berühmt zu werden."*

Einer von Corots Schülern war der in der Ausstellung mit dem Bild *Bauernhof in Bazincourt,* 1884 (Abb. S. 64), vertretene Camille Pissarro. Er hatte sich in den ländlichen Gegenden von Pontoise, Anvers und später Rouen niedergelassen und pflegte eine einfühlsame Darstellung der dortigen Landschaften. Die ruhigen, gedeckten Farben geben den Bildern eine an Corot erinnernde Innerlichkeit. Sie beeindruckten den von Pissarro ermutigten Paul Cézanne so, dass er versuchte dessen Malweise nachzuahmen. Zeitweilig waren beide Künstler unzertrennlich und profitierten stilistisch voneinander, wie man das bei der in der Ausstellung vertretenen Landschaft von Cézanne (Abb. S. 23) an den aufgehellten Farben bemerken kann. Pissarro verkehrte unter anderem auch mit Armand Guillaumin, den er an der Academie Suisse in Paris getroffen hatte und der ebenfalls früh die Bedeutung von Cézanne erkannte.

Guillaumins *Felsklippen an der Landzunge von Baumette,* 1893 (Abb. S. 37), erinnern mit den dick aufgetragenen Farben an die Malweise von Courbet. *Die Landschaft von Louveciennes,* 1872 (Abb. S. 36), die eine Winterlandschaft zeigt, fällt durch freie und großflächige Farbgebung auf. Guillaumin verdiente jahrelang seinen Lebensunterhalt bei der Stadtverwaltung in Paris, um malen zu können, weil er von seiner Familie keinerlei Unterstützung erhielt. Zusammen mit Claude Monet, Auguste Renoir und Pissarro litt er ständig unter finanziellen Nöten. Erst 1891, als er 100.000 Francs in einer Lotterie gewann, konnte Guillaumin seine Stellung aufgeben, und sich ganz der Malerei widmen.

Eine besondere Position nimmt Eugène Boudin, der mit zwei Bildern in der Ausstellung vertreten ist, als Lehrer von Monet, ein. Boudin war Rahmenhändler in Le Havre und stellte neben seinen Seelandschaften Karikaturen des jungen Monet aus.

Er war es, der Monet überredete, direkt vor der Natur Landschaften, Menschen, Bäume, Tiere, Meer und Himmel zu malen. *„Mit unendlicher Geduld übernahm Boudin meine Erziehung. Langsam öffneten sich meine Augen und ich begann die Natur wirklich zu* *begreifen; zugleich lernte ich auch, sie zu lieben.*"Boudin kam zur Malerei, weil viele Künstler, die sich während der Sommermonate am Meer aufhielten, bei ihm Farben kauften. Ein Stipendium für Paris und gelegentliche Besuche der Ecole des Beaux Arts bestärkten nur seine Auffassung, *„.... dass die Romantik sich überlebt habe und dass man deshalb die schlichten Schönheiten der Natur suchen müsse [...] Niemals erreiche man im Atelier die Frische des Pinselstriches vor der Natur.*" Diese Auffassung vertrat Boudin so überzeugend, dass Monet beschloss, Maler zu werden und nach Paris zu gehen. Die beiden Seelandschaften *Kerhor, Die Fischerinnen,* 1870 (Abb. S. 18) und *Das Ufer bei Trouville,* 1894 (Abb. S. 19) von Boudin wirken ebenso sanft, wie nach überlieferten Beschreibungen der Charakter dieses Künstlers gewesen sein soll.

Ein schönes Beispiel für die Leichtigkeit der Malweise von Monet ist das Gemälde *Häuser in Falaise im Nebel* aus dem Jahr 1885 (Abb. S. 57). Die Umrisse der dargestellten Häuser lösen sich in einem zartrosa Nebel zu einem abstrakten Farb-Licht-Gewebe auf. Sogar von ehemaligen Künstlerfreunden wegen mangelnder Komposition kritisiert, erzielten die in diesem Stil gemalten Bilder bald Höchstpreise. Für Monet war seine Malweise das Ergebnis eines mühevollen Prozesses von einer naturnahen Darstellung des Beobachteten mit präzisen Umrissen und tiefen Schatten bis zur unauflöslichen Verschmelzung von Bildgrund und Bildgegenstand in einer Flut von Farbe und Licht. Heutzutage ist kaum noch vorstellbar, dass es für Monet Zeiten gab, zu denen er wegen Geldmangel aus dem Gasthaus geworfen wurde und nicht wusste, wovon er und seine kleine Familie leben sollten, und er deshalb einmal sogar versuchte, sich zu ertränken.

Im 19. Jahrhundert war es Frauen nicht gestattet, eine öffentliche Kunstakademie zu besuchen. Begabte und ehrgeizige Malerinnen waren daher auf Privatunterricht angewiesen, der wiederum eine willkommene Einnahmequelle für viele Künstler darstellte. Eine der beliebtesten Schülerinnen von Corot war zum Beispiel Berthe Morisot. Bereits 1864 wurde Morisot mit Bildern im Pariser Salon zugelassen. Die Ausstellung „Couleur et lumière" präsentiert zwei um 1880 entstandene Bilder von Morisot – *Boote auf der Seine* (Abb. S. 60) und *Kind zwischen Stockrosen* (Abb. S. 61). Beide Gemälde zeigen, was die Sicherheit von Komposition und Malweise anlangt, eine Künstlerin von außergewöhnlicher Begabung. Das Porträt von Norbert Goeneutte (Abb. S. 35) beweist darüber hinaus, dass Morisot auch noch eine äußerst attraktive Frau war.

Alfred Sisley ist mit zwei wunderbaren Gemälden vertreten. Die verträumte *Umgebung von Louveciennes* (Abb. S. 76) und die feinfühlig gemalte *Bucht von Langland* (Abb. S. 77) aus den Jahren 1876 und 1897. Deutlich sieht man eine Aufhellung der Farbpalette bei dem späteren Gemälde. Sisley lebte zurückgezogen und war gegen Ende seines Lebens krank, arm und verbittert. *„Alle Freuden des Lebens sah er nach und nach schwinden, nur die Freude am Malen verließ ihn nie.*" Die Preise für Bilder stiegen bereits kurz nach seinem Tod erheblich.

Besonders fällt das Kinderbild von Renoir auf. Obwohl das Kind auf den ersten Blick wie ein Mädchen aussieht, stellt es den Sohn des Malers dar. (Abb. S. 71) Renoir war, als er ihn porträtierte, 57 Jahre alt. Unübersehbar sind die leuchtend roten Haare und das rosarote Gewand des Knaben. Vor dem dunklen Hintergrund kommt die Leuchtkraft der Farben besonders zur Geltung. Renoir bevorzugte vor allem in späteren Jahren rote Farbtöne, die mit überwältigender Leichtigkeit gemalt, der Haut der Porträtierten einen frischen, lebendigen und rosigen Schimmer verleihen.

Gustave Caillebotte war Schiffbauingenieur, der in seiner Freizeit malte und als wohlhabender Junggeselle in der Nähe von Paris lebte. Befreundeten Malern wie Monet und Renoir half er durch den Erwerb ihrer schwer verkäuflichen Werke. Dadurch war er bereits mit 27 Jahren Besitzer einer umfangreichen Kunstsammlung. Testamentarisch verfügte er Gemälde von Monet, Renoir, Cézanne, Sisley, Morisot u. a. als Schenkung an den Louvre mit der Verpflichtung, sie dort auch zu zeigen. In unserer Ausstellung befinden sich Bilder des begabten und generösen Caillebotte mit blühenden Feldern und stark farblich kontrastierten Booten. (Abb. S. 20, Abb. S. 21)

Eine Besonderheit im bildnerischen Denken von Georges Seurat ist, dass er versuchte, Kunst und Wissenschaft in Einklang zu bringen. Als Anregung dienten ihm Abhandlungen von Chevreul über die Harmonie der Farben und von N. O. Rood über den Farbkreis. Das Gemälde *Massige Gestalt in einer Landschaft in Barbizon* (Abb. S. 74) zeigt jedoch nicht die auf vier Grundfarben und ihre Zwischentöne reduzierte Palette in pointillistischer Manier, vielmehr gehört das Gemälde zu einer Reihe von Skizzen, die Seurat in der Gegend von Barbizon nach der Natur malte. Gleichwohl zeigt die in sich ruhende Haltung der dargestellten Person das typische Erscheinungsbild Seurat'scher Figuren. Die Strenge der Komposition steht in eigenartigem Kontrast zum malerischen Auftrag der Farbe.

Die Abkehr von der akademischen Malerei führte dazu, dass Personen aus kunstfernen Berufsfeldern den Mut fassten, Künstler zu werden. Das berühmteste Beispiel dafür ist der Pariser Bank-Angestellte Paul Gauguin, von dem sich das Gemälde *Das Einbringen des Heus* (Abb. S. 31) in unserer Ausstellung befindet. Der Schiffbauingenieur Caillebotte fand bereits Erwähnung und Claude-Emile Schuffenecker gab wie Gauguin, mit dem er auch befreundet war, die Bankgeschäfte auf, um Kunstlehrer und freier Maler zu werden. Bereits 1884 stellt er zusammen mit Seurat, Paul Signac, Guillaumin und Gauguin bei der ‚Société des Artistes Indépendants' aus. Von Schuffenecker sind zwei farbenfrohe und stimmungsvolle Gemälde zu sehen, die Figuren in einer Landschaft am Meer und in einer Heidelandschaft so zeigen, dass Mensch und Natur ineinander verschmelzen. (Abb. S. 72, Abb. S. 73)

Der Ursprung des Impressionismus und Postimpressionismus in Frankreich gab den Ausschlag für die Beschränkung auf die Werke französischer Maler. Die Mischung aus bekannten und weniger bekannten Künstlern ergibt einen umfassenden Eindruck der stilistischen Entwicklung und Vielfalt. Allein die an der Ausstellung beteiligte Zahl macht deutlich, wie groß das Bedürfnis der Befreiung aus akademischen und gesellschaftlichen Zwängen damals gewesen sein muss.

Französische Kunst war in den letzten Jahren schon mehrfach in den Kunstsammlungen Chemnitz zu sehen. So wurde 2001 Malerei des französischen Symbolismus mit dem Titel „Les Peintres de l'âme" gezeigt und 2002 präsentierten die Kunstsammlungen ihre eigene Sammlung der Lithographien Honoré Daumiers „Von guten Bürgern und Pariser Typen – Stiftung Erich Goeritz (1925)". Die spektakuläre Ausstellung mit 228 Frauenbildnissen von Pablo Picasso mit dem Titel „Picasso et les femmes" zum Jahreswechsel 2002/2003 war die bisher erfolgreichste Schau überhaupt. Mit „Couleur et lumière" können nun erstmals auch die großen Epochen des französischen Impressionismus und Postimpressionismus gezeigt werden.

Herr Gérard J. Corboud hat seine über Jahre zusammengetragene, höchst qualität-volle Sammlung beneidenswerterweise dem Wallraf-Richartz-Museum in Köln anver-traut. Einen ersten Hinweis darauf erhielt ich von Herrn Prof. Hans Peter Adamski und seiner Frau. Ich bin zutiefst dankbar, dass sich Herr Gérard J. Corboud und Herr Prof. Dr. Rainer Budde, Direktor des Wallraf-Richartz-Museums in Köln, bereit erklärten, einen umfangreichen Teil der Sammlung für unsere Ausstellung zur Verfügung zu stellen. Dankbar bin ich auch für die großzügige Freiheit bei der Auswahl der Gemälde, die sich im eigens dafür erarbeiteten Katalog widerspiegelt und eine besondere Identifikation mit dem Projekt schafft. Ein Glücksfall für die Vorbereitung war der bereits vorliegende, umfangreiche, wissenschaftlich bearbeitete Sammlungskatalog mit dem Titel „Miracle de la couleur" aus dem Jahr 2001. Den Autoren des Kataloges Rainer Budde, Götz Czym-mek, Peter Dittmann und Barbara Schaefer sind wir für die Erlaubnis dankbar, die Künstlerbiografien in leicht gekürzter Fassung übernehmen zu dürfen. Frau Barbara Schaefer und Herrn Götz Czymmek danke ich darüber hinaus für die begleitende Pro-jektberatung. Frau Beate Ritter, Kuratorin für Malerei und Plastik, bin ich für die Aus-stellungsvorbereitung in unserem Hause und das Katalogkonzept sehr dankbar.

„Couleur et lumière" hätte ohne erhebliche finanzielle Unterstützung in Chemnitz nicht gezeigt werden können. Herrn Reiner Grimm, Vorstandsvorsitzender der Sparkasse Chemnitz, und Herrn Prof. Karl-Heinz Klawunn von envia M danke ich daher herzlich dafür, dass sie die Ausstellung erst möglich gemacht haben.

Seiner Exzellenz, dem Botschafter der Republik Frankreich, Herrn Claude Martin, bin ich für die Bereitschaft, die Schirmherrschaft für die Ausstellung „Couleur et lumière – französische Malerei von 1870 bis 1918 – Werke aus dem Wallraf-Richartz-Museum – Fondation Corboud, Köln" zu übernehmen, sehr verbunden.

INGRID MÖSSINGER
Direktorin der
Kunstsammlungen Chemnitz

Abbildungen

Charles Angrand (1854–1926)
1 **La maison dans les oliviers (Chaumière dans un verger),** 1903
Haus unter Ölbäumen (Hütte in einem Obstgarten)

CHARLES ANGRAND (1854–1926)
2 **Sur le seuil (La jatte de lait),** 1908
An der Schwelle (Der Milchtopf)

EMILE BERNARD (1868–1941)

3 Vue de Pont-Aven (Paysage de Pont-Aven, Vue du Bois d'Amour), 1888

Ansicht von Pont-Aven (Landschaft von Pont-Aven, Ansicht des Bois d'Amour)

ALBERT BESNARD (1849–1934)

4 **Une prairie dans le parc de Calais,** 1890

Eine Wiese im Park von Calais

Eugène Boudin (1824–1898)
5 **Kerhor, Les pêcheuses,** 1870
Kerhor, Die Fischerinnen

EUGÈNE BOUDIN (1824–1898)
6 **Le rivage de Trouville,** 1894
Das Ufer bei Trouville

Gustave Caillebotte (1848–1894)
7 **La plaine de Gennevilliers, champs jaunes,** 1884
Die Ebene von Gennevilliers, gelbe Felder

Gustave Caillebotte (1848–1894)

8 **Barques et cabane, bord de Seine,** 1891

Boote und Schuppen am Ufer der Seine

PAUL CÉZANNE (1839–1906)
9 **Paysage à Aix-en-Provence,** um 1879
Landschaft bei Aix-en-Provence

Henri Edmond Cross (1856–1910)
10 **Paysage provençal,** 1898
Landschaft der Provence

Maurice Denis (1870–1943)

11 La treille à Saint-Germain, um 1903/05

Weinlaube in Saint-Germain

ALBERT DUBOIS-PILLET (1846–1890)
12 Quai de Lesseps - Rouen, um 1887

ALBERT DUBOIS-PILLET (1846-1890)
13 **Paysage, o. J.**
Landschaft

RAOUL DUFY (1877-1953)
14 **Le Boulevard Saint-Martin,** 1903

Georges d'Espagnat (1870–1950)

15 **Jardin à Verneuil,** 1892/95

Garten in Verneuil

ALFRED WILLIAM (GEN. WILLY) FINCH (1854–1930)
16 Village près des côtes de la Mer du Nord, um 1889
Ortschaft nahe der Nordseeküste

PAUL GAUGUIN (1848–1903)
17 La rentrée du foin, 1884
Das Einbringen des Heus

Léo Gausson (1860–1944)

18 La rue des Étuves à Lagny-sur-Marne (Vue de Lagny-sur-Marne, Femme dans la rue), um 1883

Die Rue des Étuves in Lagny-sur-Marne (Ansicht von Lagny-sur-Marne, Frau auf der Straße

Léo Gausson (1860–1944)
19 **Paysage aux environs de Lagny,** um 1887/89
Landschaft in der Umgebung von Lagny

Norbert Goeneutte (1854–1894)
20 **Portrait de femme (Berthe Morisot),** um 1875
Porträt einer Frau (Berthe Morisot)

ARMAND GUILLAUMIN (1841–1927)
21 **Paysage de Louveciennes,** um 1872
Landschaft von Louveciennes

22 **Rocher à la pointe de la Baumette,** 1893
Felsklippe an der Landzunge von Baumette

GEORGES LACOMBE (1868–1916)

23 Rochers au Vignage, forêt d'Écouves (Coup de soleil sur les hêtres), um 1905/08

Felsen bei Vignage, Wald von Écouves (Sonnenstrahl auf den Buchen)

ANTOINE DE LA ROCHEFOUCAULD (COMTE) (1862–1960?)

24 Paysage néo-impressionniste, 1898

Neoimpressionistische Landschaft

ACHILLE LAUGÉ (1861-1944)

25 La promenade au bord de la rivière, 1888

Promenade am Flussufer

HENRI LEBASQUE (1865–1937)
26 **Le village de Champigné, Maine-et-Loire,** 1893
Die Ortschaft Champigné, Departement Maine-et-Loire

HENRI LEBASQUE (1865–1937)
27 **Deux bretonnes au bord de la mer,** 1897
Zwei Bretoninnen am Meer

Stanislas Lépine (1835–1892)
28 **L'Île de la Grande Jatte,** um 1877/1882

Die Insel Grande Jatte

Henri Le Sidaner (1862–1939)

29 La maison aux roses, Versailles, 1918

Haus mit Rosen in Versailles

GUSTAVE LOISEAU (1865–1935)
30 **Pont Perronet à Mantes,** um 1898
Der Pont Perronet in Mantes

Maximilien Luce (1858–1941)

31 **Gisors, scène de rue,** 1895

Straßenszene in Gisors

Maximilien Luce (1858–1941)

32 Notre-Dame, Vue du Quai Saint-Michel, 1901–1904

Notre-Dame, Ansicht vom Quai Saint-Michel

ALBERT MARQUET (1875–1947)
33 Banlieue de Paris, 1899
Vorort von Paris

HENRI MARTIN (1860–1943)
34 **Paysan rentrant au village,** um 1898
Ins Dorf heimkehrender Bauer

HENRI MARTIN (1860–1943)

35 **Paysage (Maison à la campagne),** um 1910

Landschaft (Haus auf dem Lande)

Maxime Maufra (1861–1918)
36 Voiliers en baie de Seine, 1899
Segelboote in einer Bucht der Seine

Maxime Maufra (1861–1918)
37 **L'arc-en-ciel,** 1901
Der Regenbogen

Jean Metzinger (1883–1956)
38 **Cour de ferme,** vor 1906
Bauernhof

CLAUDE MONET (1840–1926)
39 **Maisons à Falaise, brouillard,** 1885
Häuser in Falaise im Nebel

GEORGES DANIEL DE MONFREID (1856–1929)
40 Les vases chinois (Fleurs), 1892
Die chinesischen Vasen (Blumen)

BERTHE MORISOT (1841–1895)
42 **Bateaux sur la Seine,** um 1879/1880
Boote auf der Seine

Berthe Morisot (1841–1895)
43 **Enfant dans les roses trémières,** 1881
Kind zwischen Stockrosen

Francis Picabia (1879–1953)
44 Effet d'automne, soleil du matin, um 1898
Morgensonne im Herbst

Francis Picabia (1879–1953)

45 Le port de Saint-Tropez, effet de soleil, 1909

Der Hafen von Saint-Tropez

CAMILLE PISSARRO (1830–1903)
46 **Ferme à Bazincourt,** 1884
Bauernhof in Bazincourt

LUCIEN PISSARRO (1863–1944)

47 **Brittany Cottages, Riec,** 1910

Bauernhäuser in der Bretagne, Riec

LÉON POURTAU (1868–1898)

48 Vallée au printemps, 1893

Tal im Frühling

Fernand Loyen du Puigaudeau (1864–1930)

49 **Coucher du soleil au Croisic, paysage de Bretagne,** 1895
Sonnenuntergang bei Croisic, bretonische Landschaft

FERNAND LOYEN DU PUIGAUDEAU (1864–1930)
50 **Les pommiers en fleurs,** um 1900
Blühende Apfelbäume

Fernand Loyen du Puigaudeau (1864–1930)
51 La Place Saint-Marc à Venise, la nuit, o. J.
Der Markusplatz in Venedig bei Nacht

Auguste Renoir (1841–1919)
52 **Jean Renoir, cousant,** 1898
Jean Renoir nähend

CLAUDE-EMILE SCHUFFENECKER (1851–1934)
53 **Enfant rêvant devant la mer, au coucher de soleil,** 1884
Träumendes Kind am Meer bei Sonnenuntergang

CLAUDE-EMILE SCHUFFENECKER (1851–1934)
54 Personnage dans la lande bretonne (Le chemin traversant la colline en fleurs, Le Chemin montant), 1886
Figur in bretonischer Heidelandschaft (Der Weg über den blühenden Hügel, Der ansteigende Weg)

GEORGES SEURAT (1859–1891)
55 Figure massive dans un paysage à Barbizon, um 1882
Massige Gestalt in einer Landschaft in Barbizon

PAUL SIGNAC (1863–1935)

56 La Seine à Courbevoie (Paysage de rivière), 1883
Die Seine bei Courbevoie (Flusslandschaft)

Alfred Sisley (1839–1899)
57 Environs de Louveciennes, 1876
Umgebung von Louveciennes

Alfred Sisley (1839–1899)
58 La baie de Langland, 1897
Die Bucht von Langland

Louis Valtat (1869–1952)
59 **Sous-bois,** um 1898
Unterholz

Charles Angrand

(Criquetot-sur-Ouville 1854–1926 Rouen)

Charles Angrand strebte ursprünglich den Beruf des Lehrers an. Ab 1870 studierte er an der Kunstakademie in Rouen zusammen mit Gustave Morin und Philipp Zacharie. Seine Malerei steht unter dem Einfluss von Manet und Bastien-Lepage. Von 1882 bis 1896 lebte er in Paris, wo er mit den Neoimpressionisten Georges Seurat und Paul Signac in Kontakt trat. 1884 gehörte er mit diesen zu den Gründern der ‚Société des Artistes Indépendants', auf deren Ausstellungen in Paris er in den Jahren 1887 und 1901 vertreten war. Ebenfalls stellte er mit den Neoimpressionisten im Kunstsalon Keller & Reiner in Berlin 1901 aus. Neben der Malerei musste er stets seinen Beruf als Mathematiklehrer ausüben, um seinen Lebensunterhalt zu sichern. Den neoimpressionistischen Malstil gab Angrand 1891 auf, um sich nur noch der Kohle- und Kreidezeichnung zu widmen. Ab 1896 lebte er in der Normandie und nahm dort in den Jahren 1901 bis 1908 die Ölmalerei wieder auf.

Angrands Malerei war zunächst noch deutlich von einer konventionellen Bildauffassung geprägt und der Farbauftrag wies – beeinflusst durch die impressionistische Malweise – häufig einen parallel gesetzten Pinselstrich auf; die Farben entwickeln dabei gleichsam eine eigene Dynamik, eine Bewegung, die zu fließen scheint. Später legte Angrand diese Maltechnik zugunsten der pointillistischen Malweise in konsequent gesetzten Farbtupfen ab. Hierdurch wiederum wurde eine Betonung der Umrisslinie erreicht, die der impressionistischen Auffassung entgegenstand. Die Technik des Pointillismus war entwickelt auf der Grundlage naturwissenschaftlicher Erkenntnisse: Die Farbe wurde in ihre Grundfarben aufgespalten, die – unter Berücksichtigung der Komplementärkontraste – in Tupfen nebeneinandergesetzt wurden. Auf diese Weise wurde eine größtmögliche Leuchtkraft der Farbe erzielt; die Struktur eines Bildes, aus Punkten zusammengesetzt, ermöglichte den optischen Eindruck unterschiedlicher Farbintensitäten.   R.B.

1

La maison dans les oliviers (Chaumière dans un verger), 1903
Haus unter Ölbäumen (Hütte in einem Obstgarten)
Öl auf Leinwand, 50,4 x 65,5 cm
Signiert u. datiert unten links: CHARLES ANGRAND – 03
Wallraf-Richartz-Museum – Fondation Corboud, Inv.-Nr. Dep. FC 730
Provenienz:
Petit Palais – Musée d'Art Moderne, Genf.
Ausstellungen:
„Pointillismus – Auf den Spuren von Georges Seurat/Pointillisme – Sur les traces de Seurat", Wallraf-Richartz-Museum, Köln/Fondation de l'Hermitage, Lausanne, 1997/98, Kat.-Nr. 12, S. 247 (Farbabb. im Katalogteil); „Miracle de la couleur", hrsg. von Rainer Budde und Barbara Schaefer, Wallraf-Richartz-Museum – Fondation Corboud, Köln 2001, Kat.-Nr. 1, Farbabb. S. 25; „Miracle de la couleur: impressionisme en post-impressionisme. Fondation Corboud", Kunsthal Rotterdam 2003, Kat. S. 130 [als *Huis in een olijfgaard*], Farbabb.

Literatur:
Petit Palais – Musée d'Art Moderne, Genf (Hrsg.): „le pointillisme", Turin 1996, Farbabb. S. 7.
Abb. S. 14

2

Sur le seuil (La jatte de lait), 1908
An der Schwelle (Der Milchtopf)
Öl auf Leinwand, 80,6 x 99,7 cm
Signiert u. datiert unten rechts: CHARLES ANGRAND / 08
Sammlung Corboud, Dauerleihgabe im Wallraf-Richartz-Museum – Fondation Corboud, Inv.-Nr. Dep. 731
Provenienz:
Familie des Künstlers; Privatsammlung; Verst. Drouot Montaine, Paris, 13. Dezember 1997, Lot 20; Galerie Matignon, Paris; Privatsammlung; Galerie Ofir Scheps, Genf.
Ausstellungen:
„Salon des Indépendants, 24e exposition", Serres du Cours-la-Reine, Paris 1908; „Salon des Indépendants, 29e exposition", Quai d'Orsay, Paris, 1913;
Literatur:
Jean Sutter: „Les Néo-Impressionnistes", 1970, S. 134 (m. Abb.); François Lespinasse: „L'École de Rouen", Rouen 1980, S. 36f. (Farbabb. 169); François Lespinasse: „Charles Angrand 1854-1926", Rouen 1982, S. 68f. (Farbabb. 120); François Lespinasse: „Charles Angrand, Correspondances 1883-1926", S. 181f. (In zwei Briefen an Maximilien Luce berichtet Angrand über sein Gemälde *Sur le seuil*, eine Skizze der Komposition illustriert den ersten der beiden Briefe); „Miracle de la couleur", hrsg. von Rainer Budde und Barbara Schaefer, Wallraf-Richartz-Museum – Fondation Corboud, Köln 2001, S. 402, Farbabb. S. 403.
Abb. S. 15

Emile Bernard

(Lille 1868–1941 Paris)

1868 in Lille geboren, kam Bernard 1884 in das Atelier Fernand Cormons, wo er die Bekanntschaft Henri de Toulouse-Lautrecs machte und wo er sowohl mit der Kunst der alten Meister im Louvre als auch der der Impressionisten in Berührung kam. Aufgrund des Vorwurfs undisziplinierten Verhaltens wurde Bernard allerdings zu Beginn des Jahres 1886 aus dem Atelier Cormons ausgeschlossen, da er dessen Lehrmethoden nicht unkritisch akzeptierte. Er ging daraufhin nach Pont-Aven, wo er Paul Gauguin begegnete; seine Bewunderung für das reiche Erbe mittelalterlicher Kultur in der Bretagne sowie seine beginnende Freundschaft zu Gauguin sollten die Richtung seines weiteren künstlerischen Schaffens deutlich bestimmen.

Nach einer kurzen pointillistischen Periode entwickelte Bernard 1887/88 – gemeinsam mit seinem Künstlerfreund Louis Anquetin – eine Malerei, die mit nur geringfügig modellierten, aber klar umrissenen Farbflächen den dekorativen Charakter des Motivs betonte – mit einer starken Wirkung der Oberflächenstruktur. Dieser Stil, der zurückging auf die Glasmalerei der Gotik und darüber hinaus deutlich beeinflusst war vom japanischen Holzschnitt, erhielt die Bezeichnung ‚style cloisonné'. 1888 – während eines Aufenthalts in der Bretagne – führte Bernard Gauguin in seine künstlerischen Ideen ein, und gemeinsam arbeiteten die beiden Künstler an einer weiteren Ausformung dieses Stils.

Dabei war Bernard vor allem an den formalen, dekorativen Möglichkeiten des Cloisonnismus interessiert, wohingegen Gauguin diese stilisierte Ausdrucksform als Grundlage für darüber hinaus gehende emotionale und psychologische Aussagen nutzte. Die enge Zusammenarbeit Bernards und Gauguins endete 1891 in einem heftigen Streit, weil Bernard seinen künstlerischen Beitrag als missachtet ansah, als Gauguin für sich die Stellung der künstlerischen Leitfigur innerhalb der Künstlergruppe von Pont-Aven beanspruchte und als Begründer des Synthetismus angesehen wurde – einer Weiterentwicklung des Cloisonnismus.

Seit seiner Zeit im Atelier von Cormon verband Bernard auch mit Vincent van Gogh ein enger, freundschaftlicher Kontakt. Allerdings mündete auch diese Beziehung später in einem Bruch, als van Gogh Bernards religiöse Gemälde aburteilte. Gleichwohl sollte sich Bernard seit Beginn der 1890er Jahre um die Reputation der Kunst van Goghs bemühen, indem er die erste retrospektive Ausstellung zu dessen Schaffen in Frankreich organisierte (1892) und später die Edition der Briefe des Künstlers besorgte.[1] 1891 stellte Bernard bei den Nabis aus. Nach seiner – unfreiwilligen – Abkehr vom Künstlerkreis um Gauguin suchte Bernard Zuflucht in einer naiv zu nennenden Bewunderung für die Stillleben und Darstellungen von Badenden Cézannes.

Nachdem er bereits 1891 einen Aufsatz über Cézanne veröffentlicht hatte, besuchte er den bewunderten Meister im Februar 1904 in Aix (auf einer Bahnreise über Marseille nach Paris), und im Juli 1904 erschien ein weiterer Artikel Bernards über Cézanne; auch als er im März des folgenden Jahres aus Neapel zurückkehrte, stattete Bernard Cézanne noch einmal einen Besuch ab. Diese Begegnungen standen am Beginn einer Korrespondenz zwischen den beiden Künstlern und bildeten die Grundlagen für eine kleine Schrift, „Souvenirs de Paul Cézanne", die am 1. und 16. Oktober 1905 in zwei Teilen in „Mercure de France" abgedruckt wurde.

Neben Cézanne galt Puvis de Chavannes Bernard als Vorbild, als dessen Schüler er sich fühlte.

Bernard schuf hauptsächlich Figurenbilder, in denen die Spanne der Darstellung von reinen Zustandsschilderungen bis zu – bisweilen mythologisch aufgefassten – weiblichen Aktdarstellungen reicht. Daneben entstanden Bildnisse, Stillleben und Landschaften.

Bernard stellte seine Werke seit 1901 in Einzelausstellungen aus (vornehmlich in Paris, 1905 auch in Berlin bei Cassirer und 1908 im Münchner Kunstverein).

Bernard bereiste Italien, Konstantinopel, Samos und Ägypten, wo er von 1893 bis 1904 in Kairo gelebt und vor allem an Darstellungen des pulsierenden Lebens in den Straßen der großen Stadt Gefallen gefunden hatte.

Nach seiner Rückkehr nach Frankreich war Bernard wieder kunsthistorisch tätig; von 1905-1910 gab er die Zeitschrift „Réno-

vation Esthétique" heraus, wobei er in mehreren Aufsätzen die Möglichkeit nutzte, seinen künstlerischen Beitrag zur Entwicklung des Synthetismus zu betonen – und die Kunst der Impressionisten zu kritisieren. Vehement trat er für eine Erneuerung der Kunst durch das Studium der alten Meister – besonders der Venezianer – ein. Bernard schrieb außer Aufsätzen über Kunst auch Novellen und Theaterstücke.

Neben seiner Malerei war er als Holzschneider (Reliefschmuck für Möbel), kunstgewerblicher Zeichner (Tapisserien etc.) und Buchschmuckkünstler tätig (u. a. Holzschnitt-Illustrationen zu Baudelaires „Les Fleurs du Mal").

Von 1921 bis 1938 lebte der Künstler in Venedig, wo er sich – wohl aufgrund seiner intensiven Studien der Kunst der Renaissance – von den Idealen seiner frühen, avantgardistischen Zeit distanzierte.

Im April des Jahres 1941 starb Emil Bernard in Paris.   B.S.

3
Vue de Pont-Aven (Paysage de Pont-Aven, Vue du Bois d'Amour), 1888
Ansicht von Pont-Aven (Landschaft von Pont-Aven, Ansicht des Bois d'Amour)
Öl auf Leinwand, 90,2 x 63 cm
Signiert unten rechts: E. Bernard
Wallraf-Richartz-Museum – Fondation Corboud, Inv.-Nr. Dep. FC 695
Provenienz:
M. et Mme Clément Altarriba, Paris; Montgomery Gallery, San Francisco;
Privatsammlung Kalifornien (erworben bei Montgomery Gallery, San Francisco);
Verst. Christie's, New York, 9. November 1999, Lot 276, Kat. S. 82f. (m. Farbabb.).
Ausstellungen:
„Emile Bernard 1868-1941. Peintures, Dessins, Gravures", Kunsthalle Bremen/Palais des Beaux-Arts, Lille 1967, Kat.-Nr. 21 (m. Abb.);
„Centenaire d'Emile Bernard", Hôtel de Ville, Pont-Aven 1968, Nr. 7;
„Emile Bernard 1868-1941", Städtische Kunsthalle Mannheim/Rijksmuseum Vincent van Gogh, Amsterdam, 1990, Kat.-Nr. 18 (Farbabb. S. 139);
„Miracle de la couleur", hrsg. von Rainer Budde und Barbara Schaefer, Wallraf-Richartz-Museum – Fondation Corboud, Köln 2001, Kat.-Nr. 5, Farbabb. S. 33; „Miracle de la couleur: impressionisme en post-impressionisme. Fondation Corboud", Kunsthal Rotterdam 2003, Kat. S. 128 [als *Gezicht op Pont-Aven (Bois d'Amour)*], Farbabb.; „Von Sisley bis Rohlfs – Meisterwerke des Impressionismus und Neoimpressionismus", Kunsthaus Apolda Avantgarde, In Zusammenarbeit mit Wallraf-Richartz-Museum – Fondation Corboud Köln, Köln 2002, Kat.-Nr. 4, Farbabb. S. 19.
Literatur:
P. Cailler in „Art Documents", Nr. 225, S. 5 (m. Abb.); „Le Jardin des Arts", Nr. 162, Mai 1968, S. 79 (m. Abb.); J.-J. Luthi: „Emile Bernard, Catalogue raisonné de l'œuvre peint", Paris 1982, Nr. 130, S. 24f. (m. Abb.).
Abb. S. 16

Albert Besnard

(Paris 1849–1934 Paris)

Zunächst Schüler von Jean Brémond, ging Besnard dann an die École des Beaux-Arts, wo er Schüler von Cabanel wurde. Es entstanden großformatige Historienbilder, dem Gusto der Zeit entsprechend; seit 1868 zeigte Besnard seine Bilder im Pariser Salon.

1874 gewann er den Rompreis. Von 1879 bis 1881 lebte er mit seiner Frau, einer Bildhauerin, in London, dann ließ er sich in Paris nieder. Seine zahlreichen Porträts aus dieser Zeit lassen seine feinfühlende psychologische Betrachtung einerseits, die der französischen Kunst zur Zeit Bastien-Lepages verpflichtete kalte, grau-weiße Tonigkeit andererseits deutlich erkennen.

Seit etwa 1883 wurde Besnard in seinem Schaffen mehr und mehr vom Impressionismus beeinflusst. Hatte er sich bis dahin von dieser Kunstrichtung deutlich distanziert, so studierte er nunmehr immer intensiver die Möglichkeiten der Pleinair-Malerei und gewann eine zunehmende Freiheit in der Anwendung der Farbe, während er sich von seinen Ursprüngen – der Kunst des offiziellen Salons – abwandte. Von da an hatte Besnards Schaffen – in Bildnissen, Freilichtbildern und dekorativen Kompositionen – als Quelle der Inspiration und als vorherrschendes Thema die Stimmungshaftigkeit des Lichts.

Besnards Kunst wohnte eine für ihre Zeit sehr moderne und vitale Feinfühligkeit inne; der Künstler besaß ein umfassendes Verständnis der Welt, das besonders durch Kenntnisse der Errungenschaften im Bereich der Naturwissenschaften geprägt und inspiriert wurde. Eine besondere Lyrik und ein dekoratives künstlerisches Vermögen mit schwungvoller Phantasie zeichnen Besnard aus, ebenso wie eine klare Beobachtungsgabe.

Besnard hat durch seinen Eklektizismus mit seinem künstlerischen Stil eine Kombination geschaffen aus den Neuerungen des Impressionismus – hinsichtlich der Licht- und Farbbehandlung – und den klassischen Traditionen, und er war somit befähigt, die reichhaltigen Errungenschaften des Impressionismus in die Moderne zu überführen. Das größte Verdienst seiner malerischen und poetisch-intellektuellen Begabung stellen zweifellos seine dekorativen Arbeiten dar, in denen er umfassenden wissenschaftlichen Ideen Ausdruck verliehen hat.

Das Gros der Werke Besnards wurde noch zu seinen Lebzeiten in Paris ausgestellt (u. a. seit 1890 bei der ‚Société Nationale des Beaux-Arts‘), und im Juni 1905 zeigte die Pariser Galerie Georges Petit eine umfassende Werkschau des Künstlers.

Ab 1917 hatte Besnard die Position des Direktors der ‚Académie de France‘ in der Villa Medici in Rom inne. B.S.

4

Une prairie dans le parc de Calais, 1890
Eine Wiese im Park von Calais
Öl auf Leinwand, 100,5 x 81 cm
Signiert unten links: ABesnard. (A und B ligiert)
Wallraf-Richartz-Museum – Fondation Corboud, Inv.-Nr. Dep. FC 732

Provenienz:
Galerie Von Vértes.
Ausstellungen:
Carnegie Institute, Pittsburgh, 1924; „Bildwelten des Impressionismus. Meisterwerke aus der Sammlung des Petit Palais in Genf", Wallraf-Richartz-Museum, Köln 1994, o. Kat.-Nr., S. 20f. (m. Farbabb.).
„Miracle de la couleur", hrsg. von Rainer Budde und Barbara Schaefer, Wallraf-Richartz-Museum – Fondation Corboud, Köln 2001, Kat.-Nr. 6, Farbabb. S. 35.
Abb. S. 17

Eugène Boudin

(Honfleur 1824–1898 Deauville)

Geboren in Honfleur, wuchs Eugène Boudin in Le Havre auf. Früh schon begleitete der Sohn eines Seemanns seinen Vater auf dem Boot, mit dem sie zwischen den beiden Städten pendelten. Die Welt des Meeres prägte den Jungen für den Rest seines Lebens. Seinen Lebensunterhalt verdiente der junge Eugène Boudin zunächst in der Druckerei von Jos. Morlent in Le Havre. 1838 eröffnete er einen Papier- und Rahmenladen. Hier stellte er auch Gemälde von Couture, Troyon und Millet aus, mit denen er in Kontakt gekommen war und die ihn ermutigten, sich nebenbei autodidaktisch der Malerei zu widmen. Dank der finanziellen Unterstützung der Stadt Le Havre konnte Boudin einige Zeit später nach Paris gehen, um dort an der Kunstakademie Bildnis- und Landschaftsmalerei zu studieren. Er arbeitete drei Jahre in Paris und kehrte dann nach Le Havre zurück.

Die Motive der nordfranzösischen Küste bildeten von nun an den Mittelpunkt seiner Malerei. Boudin unternahm viele Studienreisen durch die Normandie und Bretagne und ließ sich von Landschaft und See in seinen Werken inspirieren. Es gibt wohl keinen französischen Küstenstrich, den Boudin nicht durchforscht, keine französische Seestadt oder Fischersiedlung, die er nicht getreulich porträtiert hätte. Neben seinen berühmten Hafenbildern faszinierte Boudin aber auch das herbe Hinterland der Küstenlandschaften. 1862 verbrachte Boudin zum ersten Mal die Ferien in Trouville. Er malte dort, was von nun an eines seiner Lieblingsthemen werden sollte: Die Strand-Atmosphäre. Während seiner wiederholten Aufenthalte in der Normandie oder in der Bretagne gab er jenem „wunderbaren Zauber von Wasser und Luft" Gestalt.

In den Jahren zwischen 1859 und 1886 stellte er regelmäßig im Pariser Salon aus, und er war bereits zu Lebzeiten ein geschätzter und gefragter Künstler (auch Corot und Baudelaire schätzten [und kauften] Boudins Werke); Baudelaire schenkte Boudins Wolkenstudien Beachtung in seinem Salonbericht von 1895. 1868 ging Boudin auf Anraten Isabeys nach Deauville, wo damals die elegante Welt des zweiten Kaiserreichs den vom Duc de Morny geschaffenen Badestrand belebte. Seinen dort gemalten Landschaftsbildern wusste er durch Figurenstaffage das Interesse von Sittenstudien zu verleihen. Im Jahre 1871 durchwanderte er, unablässig malend, das gesamte Küstengebiet von Dünkirchen bis Bordeaux. 1874 nahm er an der ersten Impressionisten-Ausstellung im Atelier des Photographen Nadar am Boulevard des Capucines teil. Auch mit den Künstlern der Schule von Barbizon war er gut bekannt.

Boudin widmete seine Malerei vor allem der Verherrlichung des Lichtspiels über Meer und Stränden. Die Wogen des Meeres und die verschiedenartigen Wolkenbildungen über der Küste stellen die bevorzugten Motive in seiner Malerei dar.

Abgestufte Grün- und Blautöne, die sich zu einem Türkis verbinden, das wohl am ehesten der nicht definierten Farbe des Meeres nahe kommt, sind sehr charakteristisch für Boudins hoch entwickelten Farbsinn. Die Frische der Farben und eine lebhafte Pinselführung zeugen von Boudins Gewohnheit, im Freien zu malen. Boudin betonte die Transparenz der Luft und beobachtete, welche Tonwerte die Dinge im Licht annehmen.

Seine fortwährenden Bemühungen, die atmosphärischen und farblichen Veränderungen der Natur wiederzugeben, lassen in ihm einen Wegbereiter des Impressionismus erkennen. Seine kräftige, spontane, oft pastose Malweise und seine Vorliebe für die normannische Landschaft beeindruckten nachhaltig den jungen Monet und führten ihn dazu, im Freien zu malen, um die Farben und Formen so einzufangen, wie sie in der Natur vorkommen; das sollte sich als wesentlich für den weiteren Weg des jüngeren Malers herausstellen und als bestimmend für den Impressionismus.

Während seiner langen Schaffensperiode war Boudins Arbeit stets von Erfolg und Anerkennung begleitet; bereits zu Lebzeiten wurde er durch seine zahlreichen Marine- und Hafenbilder berühmt. Honfleur, Le Havre, die Seine, Schiffe, Küsten sind unverwechselbar mit seinem Werk verbunden. In vielen seiner Bilder nimmt der Himmel fast zwei Drittel der Bildfläche ein, was ihm den Titel „König der Himmel" einbrachte, der ihm von Corot verliehen wurde. B.S.

5
Kerhor, Les pêcheuses, 1870
Kerhor, Die Fischerinnen
Öl auf Leinwand, 85,5 x 121,5 cm
Signiert u. datiert unten links: E. Boudin – 70
Wallraf-Richartz-Museum – Fondation Corboud, Inv.-Nr. Dep. FC 657
Provenienz:
Sammlung Flavian, Paris; Sammlung Lainé, Paris; Privatsammlung, Deutschland; Verst. Lempertz, Köln, 21./22. November 1997, Lot 690, Kat. S. 40f. (m. Abb.) u. Farbtaf. 1.
Ausstellungen:
[?] Salon Officiel, Paris 1870, als *Pêcheuses de Kerhor (Finistère)*. „Miracle de la couleur", hrsg. von Rainer Budde und Barbara Schaefer, Wallraf-Richartz-Museum – Fondation Corboud, Köln 2001, Kat.-Nr. 10, Farbabb. S. 43; „Miracle de la couleur: impressionisme en post-impressionisme. Fondation Corboud", Kunsthal Rotterdam 2003, Kat. S. 28 [als *Visvrouwen, Kerhor*], Farbabb.
Literatur:
G. Jean-Aubry: „Eugène Boudin", Paris 1968, S. 79; Robert Schmit: „Eugène

Boudin. 1824-1898", Bd. 1, Paris 1973, Nr. 526, S. 196 (m. Abb.); „Eugène Boudin", hrsg. vom Musée Eugène Boudin, Honfleur 1992, S. 203; „Lempertz Bulletin", 1/1998, S. 2 (Farbabb. auf dem Titel).
Abb. S. 18

6
Le rivage de Trouville, 1894
Das Ufer bei Trouville
Öl auf Leinwand, 49,8 x 74 cm
Signiert u. datiert unten rechts: E. Boudin 94
Wallraf-Richartz-Museum – Fondation Corboud, Inv.-Nr. Dep. FC 619
Provenienz:
Beugniet et Bonjean, Paris; Hirschl & Adler Galleries, New York; Privatsammlung; Galerie Salis & Vértes.
Ausstellungen:
„Eugène Boudin 1824-1898", The Hirschl & Adler Galleries, New York 1966, Nr. 61; „„L'Atmosphère'. Farbe – Licht – Raum. Festspielausstellung 1996", Galerie Salis & Vértes, Salzburg 1996, Kat.-Nr. 10 (m. Farbabb.); „Miracle de la couleur", hrsg. von Rainer Budde und Barbara Schaefer, Wallraf-Richartz-Museum – Fondation Corboud, Köln 2001, Kat.-Nr. 12, Farbabb. S. 46; „Miracle de la couleur: impressionisme en post-impressionisme. Fondation Corboud", Kunsthal Rotterdam 2003, Kat. S. 29 [als *Het strand bij Trouville*], Farbabb.; „Von Sisley bis Rohlfs – Meisterwerke des Impressionismus und Neoimpressionismus", Kunsthaus Apolda Avantgarde, In Zusammenarbeit mit Wallraf-Richartz-Museum – Fondation Corboud Köln, Köln 2002, Kat.-Nr. 6, Farbabb. S. 23.
Literatur:
Robert Schmit: „Eugène Boudin. 1824-1898", Bd. 3, Paris 1973, Nr. 3317, S. 272 (m. Abb.).
Abb. S. 19

Gustave Caillebotte
(Paris 1848–1894 Petit-Gennevilliers)

Aus einer wohlhabenden Familie stammend, erwirbt Caillebotte 1868 zunächst ein Juradiplom.[2] Nach dem Kriegsdienst 1871 reist er nach Norwegen und Schweden. 1872 arbeitet er im Atelier von Léon Bonnat, ab 1873 bis vermutlich 1875 studiert er an der École des Beaux-Arts. Die ältesten erhaltenen Pastelle und Gemälde entstehen, darunter zahlreiche Landschaften von seinen Sommeraufenthalten der Jahre 1872 bis 1879 im Landhaus der Familie in Yerres. Nach dem Tod des Vaters 1874 erbt Caillebotte ein Vermögen und kann fortan unabhängig vom Kunstmarkt und komfortabel leben. Er wird zum Impresario, Mäzen und Sammler der Impressionisten. Neben Finanzierungshilfen, wie Katalogdruck- und Mietkostenzuschüssen, erwirbt er vor allem zahlreiche ihrer Werke. Bei Differenzen ist er ausgleichender Mentor und Organisator. Mit Claude Monet und Auguste Renoir ist er befreundet. Ab 1876 beteiligt sich Caillebotte an mehreren Impressionisten-Ausstellungen, jeweils mit zahlreichen Werken, die bei der Kritik große, aber widersprüchliche Resonanz hervorrufen. Ab 1882 verbringt er die Sommer in Petit-Gennevilliers und geht u. a.

seiner Segelleidenschaft nach, die sich auch als Motiv in seinem Werk niederschlägt. Vor allem diese sportliche Betätigung führt auch zu Kontakten mit Signac. Außerdem widmet sich Caillebotte ähnlich wie Monet mit Hingabe der Gestaltung seines Gartens, der im Spätwerk Quelle vieler Motive sein wird. 1886 beteiligt er sich an einer von Durand-Ruel organisierten Ausstellung in New York. 1888 nimmt er seinen Wohnsitz endgültig in Petit-Gennevilliers, nachdem er die vorhergehenden Jahre ausschließlich mit seinem Bruder Martial zusammengelebt hat. Seine Freundin Charlotte Berthier (eigentlich Anne-Marie Hagen), mit der Caillebotte seit Anfang der 1880er Jahre liiert ist, bedenkt er mit einer Rente, heiratet sie jedoch nicht. 1888 stellt er in Brüssel und Paris letztmalig aus. 1888 bis 1892 ist er Stadtrat in Petit-Gennevilliers. 1893 geht Caillebotte mit neuer Energie ans Malen, doch ein 1894 erlittener Schlaganfall führt zu seinem frühen Tod. Noch im gleichen Jahr zeigt Durand-Ruel in Paris eine posthume Retrospektive. Per Testament vermacht Caillebotte dem französischen Staat 67 impressionistische Gemälde und Pastelle aus seiner Sammlung. Die daran geknüpfte Bedingung, dass die Werke weder in ein Provinzmuseum noch in ein Depot kommen, sondern im Musée de Luxembourg, der zeitgenössischen Sammlung jener Jahre, gezeigt werden sollen, führt zwischen den Nachlassverwaltern Renoir und Martial Caillebotte einerseits und den Behörden andererseits zu jahrelangen Verhandlungen. Letztlich gehen nur 38 der ursprünglich zugedachten Werke aus dem Legat sowie zwei aus dem Besitz des Sohnes an die Französische Republik. Heute werden sie im Musée d'Orsay präsentiert, darunter Meisterwerke von Manet, Renoir, Cézanne, Pissarro, Monet, Degas und Sisley.

Caillebotte selbst gilt jahrzehntelang als dilettierender Epigone, erst nach 1945 wird sein Werk mit über 450 Gemälden und Pastellen sowie einer Reihe von Skizzen wissenschaftlich bearbeitet. In neuerer Zeit erhält er durch Publikationen und Ausstellungen gebührende Anerkennung. Das vor allem an seinen ersten Lehrer Bonnat erinnernde Frühwerk ist formal stark ausgearbeitet und im Kolorit naturalistisch-verhalten. Ende der 1870er Jahre erlangen seine Gemälde mehr und mehr impressionistische Züge, die Farbe gewinnt an Bedeutung und die Faktur wird sichtbar – sicher dem Kontakt mit Monet zu verdanken. Zu den wichtigsten Motivgruppen gehören Ansichten von Paris nach der Umgestaltung durch Baron Haussmann, Fenster- und Balkonszenen, Interieurs, Stillleben und Porträts. Im Spätwerk ab 1882 herrschen Landschaften und Marinen von der Küste und der Seine nördlich von Paris, Regatten und Badende sowie Stillleben und Bilder aus seinem Garten in Gennevilliers vor. *„Bereits von den Zeitgenossen Caillebottes wurde die Meisterschaft hervorgehoben, sowohl städtischen Raum als auch Landschaft in ausgeklügelten Inszenierungen mit ungewöhnlichen, oft höhergelegenen oder extrem niedrigen Blickpunkten der Perspektive vorzuführen. Caillebotte verlässt zwar die traditionelle Konstruktion der Perspektive nicht, aber er spielt mit ihr, sucht dadurch eine dynamische Bildführung zu erzielen.“*[3] Sein *„Œuvre war trotz bemerkenswerter Einfälle und Besonderheiten nicht originär bahnbrechend, richtungsweisend oder gar schulbildend“*, aber *„in mancher Hinsicht war er ein Avantgar-*

dist, der bestimmte Motive im Werk von Manet, Signac, Vuillard und Bonnard vorwegnahm und Munch beeinflusste“.[4]   B.R.

7
La plaine de Gennevilliers, champs jaunes, 1884
Die Ebene von Gennevilliers, gelbe Felder
Öl auf Leinwand, 54 x 64,7 cm
Signiert u. datiert unten rechts: G Caillebotte / 1884
Wallraf-Richartz-Museum – Fondation Corboud, Inv.-Nr. Dep. FC 561
Provenienz:
Vom Künstler um 1890 an den Maler G. Minoret gegeben, den Schwager von Martial Caillebotte; Privatsammlung, Frankreich; Privatsammlung, USA; Wildenstein, New York.
Ausstellungen:
„Rétrospective Gustave Caillebotte", Galerie Beaux-Arts, Paris 1951, Kat.-Nr. 57; „Gustave Caillebotte. A Retrospective Exhibition" [Kirk Varnedoe, Thomas P. Lee], The Museum of Fine Arts, Houston/The Brooklyn Museum, New York, 1976/77, Kat.-Nr. 66, S. 170 (m. Abb.), als *Champ jaune (Yellow Field)*;
„Les lumières de l'impressionnisme. Musée du Petit Palais, Genève/La Collection Corboud", Daimaru Museum, Tokio/Art Gallery in Kushiro City Hall, Kushiro/The Museum of Art, Kintetsu/Fukuoka Art Museum, Fukuoka, 1993, Kat.-Nr. 14, S. 31 (m. Farbabb.) u. S. 81 (Farbabb. auf dem Katalogeinband);
„Bildwelten des Impressionismus. Meisterwerke aus der Sammlung des Petit Palais in Genf", Wallraf-Richartz-Museum, Köln 1994, o. Kat.-Nr., S. 34f. (m. Farbabb.); „Die Großen Meister des Impressionismus", Prefectural Museum of Art, Nara/Urasoe Art Museum, Okinawa/City art Museum, Toyohashi/Daimaru Museum, Tokio/Museum of Modern Art, Akita, 1996, Kat.-Nr. 18, S. 72f. (m. Farbabb.) u. S. 158f.; „Monet, Renoir et les Impressionnistes", Tobu Museum of Art, Tokio/Hokkaido Obihiro Museum of Art, Obihiro/The Okayama Prefectural Museum of Art, Okayama/Nara Prefectural Museum of Art, Nara, 1998, Kat.-Nr. 30, S. 80f. (m. Farbabb.) u. S. 153; „The Impressionists at Argenteuil" [Paul Hayes Tucker], National Gallery of Art, Washington/Wadsworth Atheneum Museum, Hartford, 2000, Kat.-Nr. 23, S. 100-103 (m. Farbabb.), als The *Yellow Fields at Gennevilliers*; „Miracle de la couleur", hrsg. von Rainer Budde und Barbara Schaefer, Wallraf-Richartz-Museum – Fondation Corboud, Köln 2001, Kat.-Nr. 15, Farbabb. S. 51;
„Miracle de la couleur: impressionisme en post-impressionisme. Fondation Corboud", Kunsthal Rotterdam 2003, Kat. S. 53 [als *De vlakte van Gennevilliers. Gele velden*], Farbabb.
Literatur:
Marie Berhaut: „La vie et l'œuvre de Gustave Caillebotte", Paris 1995, Nr. 211; Marie Berhaut: „Gustave Caillebotte. Sa vie et son œuvre. Catalogue raisonné des peintures et pastels", hrsg. von Fondation Wildenstein, Paris 1978, Nr. 277, S. 175 (m. Abb.) u. zit. unter Nr. 251, S. 166; Kirk Varnedoe: „Gustave Caillebotte", New Haven/London 1987, Nr. 56, S. 172 (m. Farbabb.); Rainer Budde: „„Die Ebene von Gennevilliers' von Gustave Caillebotte – Eine Leihgabe aus Privatbesitz im Wallraf-Richartz-Museum, in: „Kölner Museums-Bulletin„, 3/1990, S. 4-8; Marie Berhaut: „Gustave Caillebotte. Catalogue raisonné des peintures et pastels. Nouvelle édition revue et augmentée avec le concours de Sophie Pietri„, Paris 1994, Nr. 293, S. 183 (m. Abb.).
Abb. S. 20

8

Barques et cabane, bord de Seine, 1891
Boote und Schuppen am Ufer der Seine
Öl auf Leinwand, 45,7 x 55 cm
Signiert unten links: G. Caillebotte
Wallraf-Richartz-Museum – Fondation Corboud, Inv.-Nr. Dep. FC 603
Provenienz:
J. Spiess, Paris; Verst. Sotheby's, London, 26. März 1986, Lot 111, als *Barques au bord de la rivière;* Privatsammlung USA; Wildenstein, New York.
Ausstellungen:
„Monet, Renoir et les Impressionnistes", Tobu Museum of Art, Tokio/Hokkaido Obihiro Museum of Art, Obihiro/The Okayama Prefectural Museum of Art, Okayama/Nara Prefectural Museum of Art, Nara 1998, Kat.-Nr. 34, S. 86f. (m. Farbabb.) u. S. 153; „Miracle de la couleur", hrsg. von Rainer Budde und Barbara Schaefer, Wallraf-Richartz-Museum – Fondation Corboud, Köln 2001, Kat.-Nr. 17, Farbabb. S. 54; „Miracle de la couleur: impressionisme en post-impressionisme. Fondation Corboud", Kunsthal Rotterdam 2003, Kat. S. 44 [als *Boten en Schurtje aan oever van de Seine*], Farbabb.
Literatur:
Marie Berhaut: „Gustave Caillebotte. Catalogue raisonné des peintures et pastels. Nouvelle edition revue et augmentée avec le concours de Sophie Pietri", Paris 1994, Nr. 433, S. 231 (m. Abb.) u. Farbtaf. zw. S. 48 u. S. 49.
Abb. S. 21

Paul Cézanne
(Aix-en-Provence 1839–1906 Aix-en-Provence)

Paul Cézanne war der Sohn eines Hutfabrikanten aus Aix-en-Provence, der 1848 Bankier wurde; die Familie väterlicherseits war zu Beginn des 18. Jahrhunderts aus dem Piemont nach Aix gekommen. Am Kolleg in Bourbon freundete sich Cézanne mit seinem Mitschüler Emile Zola an, und diese enge Freundschaft hielt bis 1886 an, als es zu einem Zerwürfnis zwischen beiden kam. Die ersten künstlerischen Studien betrieb Cézanne im Museum von Aix und an der dortigen École des Beaux-Arts. Von 1859 bis 1861 studierte Paul – auf Betreiben seines Vaters – Rechtswissenschaften an der juristischen Fakultät von Aix, aber schon Ende April 1861 ging er für einige Zeit nach Paris, um zu malen. Einige Monate besuchte er dort die Académie Suisse, ehe er im September nach Aix zurückkehrte. Ende des Jahres 1862 war er bereits wieder in Paris und malte an der Académie Suisse gemeinsam mit Armand Guillaumin; er lernte dort auch Pissarro kennen, der großen Einfluss auf die künstlerischen Anfänge des jungen Cézanne hatte. Außerdem traf Cézanne dort Bazille, Monet, Renoir und Sisley, doch erst 1866 machte er die Bekanntschaft Manets, der seine Stillleben bewundern sollte. 1863 scheiterte Cézanne, als er sich – seinem Vater zuliebe – in Paris um Aufnahme an der École des Beaux-Arts bewarb. Zwischen 1864 und 1870 spielte sich Cézannes Leben zwischen Aix und Paris ab, wo er regelmäßig Bilder zur Aufnahme in den Salon einreichte, die alle – genauso regelmäßig – zurückgewiesen wurden. Er war es, der seinen Freund Zola mit den zukünftigen Impressionisten in Kontakt brachte; Zola sollte die Malerei der jungen Künstler fortan vehement gegen alle Anfeindungen verteidigen – ausgenommen die Kunst seines Freundes Cézanne, welche er nicht verstand. Cézannes Werk war schon zu diesem Zeitpunkt vielgestaltig; er schuf Porträts, Stillleben, Darstellungen mit erotischen Tendenzen und visionäre Kompositionen sowie Landschaften. Seine dynamische Malweise in satten, kräftigen Farben, die er später seine „Facture couillarde" nennen sollte, stand der Daumiers nahe.

Die Zeit des preußisch-französischen Krieges verbrachte Cézanne mit Hortense Fiquet, die er 1869 kennen gelernt hatte, in L'Estaque in der Bucht von Marseille; hier begann er en plein-air zu malen. Im Sommer 1871 kehrte Cézanne mit Hortense, die ihm im folgenden Jahr einen Sohn schenkte, nach Paris zurück. Cézanne besuchte Pissarro, der ihn zur Freiluftmalerei bewogen hatte, in Pontoise, und gegen Ende des Jahres ließ er sich unweit – in Auvers-sur-Oise – nieder, in der Nachbarschaft des Arztes Dr. Gachet, Amateurmaler und späterer Sammler der Bilder Cézannes, Pissarros und van Goghs. Cézanne blieb dort bis zum Beginn des Jahres 1874; Pissarro ,befreite' ihn in dieser Zeit von seiner romantisierenden Technik und brachte ihm die künstlerischen Bestrebungen der Impressionisten nahe. In seiner Bewunderung für Pissarro folgte Cézanne der Kunstauffassung des Älteren, und sein Bild *La maison du pendu (Das Haus des Gehängten),* das 1873 entstand, markiert den Wendepunkt hin zu einer neuen Stilform. Mehr als in den Landschaften entwickelte sich sein Stil jedoch in einer Reihe von Stillleben weiter. Von den Früchten bevorzugte Cézanne, der sehr langsam malte, die Äpfel, weil sie am längsten frisch blieben; darüber hinaus begann er, auch Blumenstillleben zu malen. In der Umgebung von Pontoise und in der Provence malte er Landschaften; aus dieser impressionistischen Periode datieren die besten Ansichten der Bucht von Marseille, von L'Estaque aus gesehen. Auf der Impressionisten-Ausstellung des Jahres 1874 hatte Cézanne zum ersten Mal Gelegenheit, mit seiner Kunst an die Öffentlichkeit zu treten; allerdings brachten seine Bilder die Besucher größtenteils zum Lachen, und verbittert kehrte Cézanne nach Aix zurück. An der dritten Ausstellung der Impressionisten im Jahre 1877 war er wieder beteiligt; er arbeitete um diese Zeit in Pontoise, Auvers, Chantilly, Fontainebleau und an den Ufern der Seine und der Marne. Zu Beginn des Jahres 1878 ließ er sich in L'Estaque nieder. Sein Leben spielte sich nun in L'Estaque, Paris, Pontoise, Melun und Aix ab. Er unternahm zahlreiche Reisen, u. a. besuchte er Médan, wo Zola wohnte, Genua, La Roche-Guyon, wo er mit Monet und Renoir malte, war in Bellevue, und er schuf die ersten Ansichten des Montagne Sainte-Victoire, im Südosten von Aix-en-Provence gelegen.

Im Jahr 1882 wurde ein einziges Mal ein Bild Cézannes vom offiziellen Salon angenommen; 1883 sandte er ein letztes – vergebliches – Mal ein Bild ein. 1883 bzw. 1884 erwarben Gauguin und Signac Werke Paul Cézannes. Als 1886 Emile Zolas Roman „L' Œuvre" erschien, erkannte Cézanne sich in dessen Protagonisten, dem Maler Claude Lantier, wieder, welcher an sich und der Welt scheiternd zuletzt Selbstmord begeht; es kam zum Bruch zwischen Cézanne und Zola. 1887 und 1890 Ausstellungsbeteiligung bei den ,Vingt' in Brüssel. 1889 wurde Cézannes *Haus des Gehängten* auf der Weltausstellung in Paris gezeigt. Cézannes erste Einzelausstellung (1895 in Vollards Pariser Galerie in der Rue Laffitte) hatte zwar wenig Anerkennung beim Publikum, fand aber große Bewunderung unter den Künstlerkollegen und der jüngeren Generation der Maler. Zwei Jahre später sollte Vollard Cézanne alle Bilder, die in dessen Besitz waren, abkaufen. Im selben Jahr stellte Cézanne drei Bilder bei den Indépendants aus. Um die Jahrhundertwende stieg Cézannes Ruhm stetig an, und in Berlin organisierte Paul Cassirer die erste Cézanne-Ausstellung in Deutschland (1900). Es folgten weitere Ausstellungsbeteiligungen bei den Indépendants, im „Salon d'Automne", bei der „Wiener Sezession" und „La Libre Esthétique" (Brüssel).

Wiewohl einer der Väter des Impressionismus, war Cézanne nie tatsächlich ein Vertreter von dessen Technik und Idealen, zumal nach seinem Rückzug nach Aix-en-Provence in den späten 1870er Jahren. Cézanne war vielmehr beschäftigt mit Problemen von Form und Struktur in seinen Bildern und nutzte die Farbe mehr zu deren Betonung denn zur Beschreibung des Lichts und der Atmosphäre. Sein Werk blieb lange Zeit verkannt; erst mit der Ausstellung bei Vollard 1895 eröffnete sich einer jüngeren Generation, wie sehr ihre eigene Kunst von seinem Schaffen beeinflusst war und welch bedeutende Vorreiterrolle Cézanne zukam. Vor allem Emile Bernard und Maurice Denis trugen zur Verbreitung dieser Erkenntnis bei, und auch Gauguin wurde wesentlich geprägt durch Cézannes Kunst.

Paul Cézanne starb im Oktober 1906 in Aix an den Folgen einer Lungenentzündung, die er sich beim Malen „sur le motif" zugezogen hatte. B.S.

9
Paysage à Aix-en-Provence, um 1879
Landschaft bei Aix-en-Provence
Öl auf Leinwand, 46 x 55,3 cm
Wallraf-Richartz-Museum – Fondation Corboud, Inv.-Nr. Dep. FC 658
Provenienz:
Ambroise Vollard, Paris (Archiv-Nr. 333); H. J. Bomford, London; Emil Georg Bührle, Zürich (erworben von H. J. Bomford, London, 1954); Privatsammlung; Wildenstein, New York.
Ausstellungen:
„An Exhibition of Paintings of the French School – The Bomford Collection", Tate Gallery, London 1945, Kat.-Nr. 26, Abb. 16; „Sammlung Emil G. Bührle", Kunsthaus Zürich, Zürich 1958, Kat.-Nr. 222; „A Selection of Important 19th Century French Masters", Marlborough Gallery, London 1960, Nr. 4; „French Landscapes", Marlborough Gallery, London 1961, Kat.-Nr. 10 (m. Farbabb.); „Maestri del XIX e XX secoli", Galleria Marlborough, Rom 1962, Kat.-Nr. 10 (m. Abb.); „Wegbereiter der modernen Malerei: Cézanne, Gauguin, van Gogh, Seurat", Kunstverein, Hamburg 1963, Kat.-Nr. 9, Abb. 54; „European Masters", Marlborough Gallery, London 1969, Kat.-Nr. 8 (m. Farbabb.); „Cien Años de Arte Frances (Exposición homenaje en el Primer Centenario de los Impresionistas)", Galeria Theo, Madrid 1974, o. Kat.-Nr. (m. Farbabb.); „Miracle de la couleur", hrsg. von Rainer Budde und Barbara Schaefer, Wallraf-Richartz-Museum – Fondation Corboud, Köln 2001, Kat.-Nr. 20, Farbabb. S. 63.
Literatur:

L. Venturi: „Cézanne, son art – son œuvre", Paris 1936, Bd. 1, Nr. 299, S. 130 (Abb. 299 in Bd. 2 u. Taf. 81); „Sammlung Emil G. Bührle: Festschrift zu Ehren von Emil G. Bührle zur Eröffnung des Kunsthaus-Neubaus und Katalog der Sammlung Emil G. Bührle", hrsg. vom Kunsthaus Zürich, Zürich 1958, Nr. 222; R. Spira: „Neue Ausstellungsräume in der Marlborough Galerie", in „Weltkunst", XXX, 21. November 1960, S. 19 (m. Abb.); A. Gatto/S. Orienti: „L'Opera completa di Cézanne", Mailand 1970, Nr. 316, S. 100f. (m. Abb.); S. Orienti: „The Complete Paintings of Cézanne", London 1972, Nr. 316, S. 100f. (m. Abb.); G. Picon/S. Orienti: „Tout l'œuvre peint de Cézanne", Paris 1975, Nr. 316, S. 100f. (m. Abb.); J. Rewald/W. Feilchenfeldt/J. Warman: „The Paintings of Paul Cézanne: A Catalogue Raisonné", New York 1996, Bd. 1, Nr. 387, S. 249 u. S. 271f. (Abb. 378 in Bd. 2).
Abb. S. 23

Henri Edmond Cross
(Douai 1856–1910 Saint-Clair)

Cross, 1856 in Douai als Henri Edmond Delacroix geboren, studierte von 1874 bis 1876 Jura in Lille, wo er sich gleichzeitig an der Kunstakademie einschrieb, um Malerei zu studieren. 1876 verließ er Lille und ging nach Paris. Dort arbeitete er im Atelier von Duran und Bonvin. Letzterer riet ihm, seinen Geburtsnamen abzulegen, um künftige Verwechslungen mit dem berühmten Delacroix auszuschließen. Seitdem malte er nur noch unter dem Pseudonym Cross.

1881 nahm er zum ersten Mal an einer Ausstellung im Pariser Salon teil. Befreundet mit Seurat und Signac, näherte sich sein Malstil unter ihrem Einfluss immer mehr dem Pointillismus an. 1884, als zahlreiche Künstler sich von der Jury des offiziellen Salons ausgeschlossen fühlten, da ihre Malerei zu gewagte Neuerungen aufwies, begründete er mit Seurat und Signac die Gruppe der ‚Unabhängigen', deren öffentliches Forum der „Salon des Artistes Indépendants" war. Cross befasste sich zu dieser Zeit intensiv mit der systematischen pointillistischen Tupftechnik, die Seurat und Signac mit geradezu wissenschaftlicher Präzision entwickelt hatten. Bis zum Ende der 1880er Jahre stellte er regelmäßig im „Salon des Indépendants" aus, ehe er sich- des Stadtlebens überdrüssig – 1891 in den Süden Frankreichs zurückzog, um dort zu arbeiten.

Cross stand weiterhin im Kontakt mit Signac, der in Saint-Tropez lebte, mit Fénéon, Angrand, Luce und van Rysselberghe. Auch die Fauves, die dem Einfluss Cézannes folgten, Matisse, Derain, Valtat, Manguin und Camoin gehörten zu seinem Freundeskreis.

1903 reiste er für einige Zeit nach Venedig; 1904 nahm er an der Ausstellung „La Libre Esthétique" in Brüssel teil.

Die für die Malerei des Pointillismus bezeichnende Verwandlung der stofflich-charakterisierenden Oberflächenschilderung der Dingwelt in reine Malerei der Lichttöne – durch die systematische Tupftechnik – ist auch in den Bildern Cross' nachvollziehbar. Dabei kommt dem Umriss erneut eine neue lineare Qualität zu, die den Gegenstand definiert. Letztlich aber ist das Licht selbst in seinen unendlich differenzierten Abstufungen Hauptthema seiner Bilder. Cross' meisterhaft angewandte Technik der optischen Mischung erreicht bei aller Transparenz der Lichtqualität eine ganz neue, geradezu statisch wirkende Klassizität in den Gegenstandsformen. Darin aber ist diese Auffassung von Malerei letztlich Ausdruck des von der Theorie her bestimmten Postimpressionismus.   R.B.

10

Paysage provençal, 1898
Landschaft der Provence
Öl auf Leinwand, 60 x 81,2 cm
Signiert u. datiert unten links: henri Edmond Cross 98
Wallraf-Richartz-Museum – Fondation Corboud, Inv.-Nr. Dep. FC 659
Provenienz:
Collection Lagalis, Paris; Collection Cazalès, Paris; Verst. Hôtel Rameau, Paris, 2. Juni 1976, Lot 36, Kat. S. 23 (m. Farbabb.); Kunsthandlung Wildenstein, New York.
Ausstellungen:
[?] Société des Artistes Indépendants, Paris 1899, Nr. 39; „66e Exposition de la Société des Artistes Indépendants: Hommage à Paul Signac et ses amis", Paris 1955, Kat.-Nr. 19; „Exposition Henri-Edmond Cross et ses amis", Bibliothèque Municipale, Douai 1956, Nr. 12; „Les Néo-Impressionnistes", Galerie André Maurice, Paris 1958, o. Nr.; „Peintres à Nice et sur la Côte d'Azur, 1860-1960", Palais de la Méditerranée, Nizza 1960, Nr. 27; „Paysage méditerranéens d'Henri Edmond Cross", Musée de l'Annonciade, Saint-Tropez 1990;
„Henri Edmond Cross 1856-1910", Musée de la Chartreuse, Douai 1998/99, Kat.-Nr. 14, S. 121, Farbabb. S. 61; „Miracle de la couleur", hrsg. von Rainer Budde und Barbara Schaefer, Wallraf-Richartz-Museum – Fondation Corboud, Köln 2001, Kat.-Nr. 26, Farbabb. S. 75.
Literatur:
M.-T. Maugis: „Néo-impressionnistes" (Bericht zur Ausstellung „Les Néo-Impressionnistes", Galerie André Maurice, Paris), in: „Arts", 660, März 1958, S. 14 (m. Abb.), als *Paysage à Saint-Clair*; Isabelle Compin: „H. E. Cross", Paris 1964, Nr. 65, S. 156 (m. Abb.).
Abb. S. 24

Maurice Denis
(Granville 1870–1943 Paris)

Maurice Denis wurde 1870 in Granville geboren; kurz nach seiner Geburt ließen seine Eltern sich in Saint-Germain-en-Laye nieder, wo Maurice sein Leben lang wohnen bleiben sollte. Von 1881-87 besuchte Denis das Lycée Condorcet in Paris, wo Vuillard und Roussel seine Mitschüler waren; zu dieser Zeit erhielt er den ersten Zeichenunterricht (bei dem Photographen Zani). Später – vom Sommer 1884 an – besuchte er das Atelier des brasilianischen Malers Balla. Im Louvre studierte Denis die Werke der alten Meister und kam darüber hinaus in Berührung mit der zeitgenössischen Kunst (durch häufige Besuche in den Galerien von Durand-Ruel, Boussod Valadon etc.).

1888 wechselte Denis – gegen den Willen seines Vaters – vom Lyzeum an die Académie Julian, wo er u. a. Pierre Bonnard und Paul Sérusier kennen lernte; noch im selben Jahr wurde er an der École des Beaux-Arts aufgenommen. Denis bewunderte anfänglich die Kunst Ingres', Gustave Moreaus und Puvis de Chavannes', was in seinem Frühwerk erkennbar ist. Durch Paul Sérusier, der eine Zeit lang in Pont-Aven mit Paul Gauguin zusammen gemalt hatte, wurde Denis dann die Kunstanschauung Gauguins – die Ästhetik des Synthetismus – vermittelt, was für seine künstlerische Entwicklung von großer Bedeutung war.

1888 gehörte Denis – neben Bonnard, Roussel, Vuillard u. a. – zu den Gründungsmitgliedern der Gruppe Nabis (aus dem Hebräischen: Propheten), die den Illusionismus der Impressionisten ablehnten und eine nach Inhalt und Form bedeutungsvolle Malerei forderten;[5] im darauf folgenden Jahr machte er die Bekanntschaft Odilon Redons.

1890 stellte er zum ersten Mal im Pariser Salon aus,[6] veröffentlichte in der Zeitschrift „Art et Critique" seine „Définition du Néo-traditionnisme", das Manifest der Künstlergruppe der Nabis, wonach die Malerei mehr sein sollte als eine reine Wiedergabe der Natur, und wurde mehr und mehr zu einem der wichtigsten Theoretiker der antinaturalistischen Kunst; 1891 nahm er erstmals am „Salon des Indépendants" teil. Im gleichen Jahr begann er mit ersten Buchillustrationen („Sagesse" von Verlaine [1889], „Le Voyage d'Urien" von André Gide [1893]) und dekorativen Arbeiten für Theater.

1892 nahm er an der neunten Gruppenausstellung der ,Vingt' in Brüssel teil; Denis befreundete sich mit dem Komponisten Claude Debussy und trat in enge Verbindung mit den Dichtern des Symbolismus. 1893 heiratete er Marthe Meurier.

Denis schuf in den folgenden Jahren – neben Gemälden – zahlreiche Dekorationen: Kartons für Fenster (u. a. im Auftrag von Tiffany), Innenausstattungen wie Decken- und Wandgemälde für Privathäuser, Buchillustrationen, Tapisserien etc.; seit dem Ende des Jahrhunderts mehr und mehr religiöse Auftragsarbeiten, wie die Ausmalung der Kirche Sainte-Marguerite in Vésinet. Seiner besonderen Bewunderung für Cézanne verlieh er Ausdruck in seinem Gemälde *Hommage à Cézanne*[7]. 1901 besuchte er Edgar Degas. Im November 1904 fand die erste Einzelausstellung in Paris bei Eugène Druet statt. Gemeinsam mit Roussel besuchte er im Frühjahr 1906 Cézanne und war kurze Zeit später zu Gast bei Henri Edmond Cross und Paul Signac sowie bei Louis Valtat und Auguste Renoir. 1907 war seine zweite Einzelausstellung in Paris (bei Bernheim-Jeune) zu sehen.

Denis reiste Zeit seines Lebens viel und hinterließ allerorts Zeugnisse seines Schaffens; er bereiste Italien (Rom, Fiesole, Florenz, Neapel, Mailand, Venedig, Siena, Assisi, Sizilien) und Russland (Moskau, St. Petersburg), besuchte die Schweiz, Deutschland, Holland, Spanien und England und unternahm Reisen nach Algerien, Tunesien, Griechenland, Amerika (auf Einladung des Carnegie-Institutes) und Kanada. Darüber hinaus hat Denis ganz Frankreich bereist – von der Normandie bis Südfrankreich, von Bordeaux bis Colmar und Straßburg. Seit 1892 verbrachte Maurice Denis die Sommer häufig in Perros-Guirec in der Bretagne, wo er 1908 die Villa ,Silencio' erwarb.

Seit 1909 lehrte Denis in Paris an der neu gegründeten Académie Ranson (bis 1919). 1910 begann er zusammen mit Gabriel Thomas und Clemens van de Velde die vorbereitenden Arbeiten für die großen Dekorationsmalereien des ‚Théâtre des Champs-Elysées' in Paris, welche erst 1913 abgeschlossen waren. 1912 veröffentlichte er mit den „Théories" eine Zusammenstellung seiner wichtigsten Essays. Im Juli 1914 erwarb Maurice Denis ein altes Hospital, das Ludwig XIV. in Saint-Germain-en-Laye hatte errichten lassen, ‚le Prieuré', und begann mit der Instandsetzung und der Dekoration – ein Vorhaben, welches erst 1928 vollendet sein sollte.

Denis empfand die Malerei als eine Art religiöser Berufung, was ihn im Folgenden veranlasste, sich mehr und mehr der Kirchendekoration zu widmen. So arbeitete er von 1915-1919 an den Kirchen Saint-Paul und Notre-Dame in Genf sowie an der Abtei von Saint-Maurice-en-Valais in der Schweiz, für die er Apsisgemälde, mehrere Fenster und Mosaike schuf.

Im Jahr 1919 starb Denis' erste Frau Marthe. Mit seiner zweiten Frau, Elisabeth Graterolle, reiste Denis im April 1922 nach Venedig, wo ihm auf der „Internationalen Kunstausstellung" eine Retrospektive gewidmet war; zu dieser Zeit veröffentlichte er seine „Nouvelles Théories".

In den kommenden Jahren arbeitete Denis – trotz eines sich verschlimmernden Augenleidens – stetig an der Ausgestaltung von Kirchen, überwiegend in Frankreich (u. a. Saint-Louis in Vincennes bei Paris, Saint-Nicaise in Reims, Kapelle der Franziskaner in Rouen) und übernahm darüber hinaus zahlreiche Dekorationsaufträge für öffentliche Gebäude in Frankreich (Treppenplafond im Senat in Paris) sowie im Ausland (zusammen mit Vuillard und Roussel Ausstattung eines Sitzungssaals der Vereinten Nationen in Genf).

Im Jahr 1924 fand eine große Retrospektive mit den Arbeiten Denis' im ‚Pavillon de Marsan' statt. Mit den ‚Ateliers d'Art Sacré', welche er 1919 mitbegründet hatte, nahm er 1925 in Paris an der Ausstellung der „Arts Décoratifs" teil. Gemeinsam mit Vuillard besuchte Denis 1932 die Ausstellung französischer Kunst in London. Im selben Jahr wurde er in das Komitee der École des Beaux-Arts gewählt und begann die Ausstattung der Kirche Saint-Martin von Vienne; 1933 Malereien für die Kirche Sacré-Cœur von Saint-Ouen bei Paris und Veröffentlichung von „Charmes et leçons de l'Italie", 1934 Apsismalerei in der Kirche Saint-Esprit in Paris, 1935 drei Fenster für die Abtei von Solesmes. 1937, auf der Weltausstellung, ein Bild für den ‚Pavillon des sozialen Fortschritts' sowie *Das Abendmahl* für den päpstlichen Pavillon. 1938 Malereien für die Kirche von Lapoutrole, sowie für das Théâtre Chaillot in Paris. 1939 veröffentlichte Denis seine „Histoire de l'art religieux".

1940 floh er vor den deutschen Besatzungstruppen nach Perros-Guirec, kehrte jedoch schon bald wieder nach Saint-Germain-en-Laye zurück; im selben Jahr starb Vuillard, dessen Nachlass Denis gemeinsam mit Roussel verwaltete. 1941 hielt Denis die Grabrede für Emile Bernard. 1941-43 Dekorationsarbeiten für die Kirche in Thonon. 1942, ein Jahr vor seinem Tod, veröffentlichte Denis „Sérusier, sa vie, son œuvre". 1943 starb Maurice Denis in Paris an den Folgen eines Verkehrsunfalls.

Das Gesamtwerk Maurice Denis' ist so umfangreich wie vielgestaltig. Seine poetische Bildsprache fand Ausdruck in Gemälden und Wandbildern, Entwürfen für Fenster, Mosaike und Gobelins; daneben existiert gleichbedeutend sein druckgraphisches Schaffen – Lithographien und Buchillustrationen.

Im Kreis seiner Malerkollegen aus der Gruppe der Nabis wurde Denis mit dem Spitznamen „Le Nabi aux belles icônes" (Der Nabi der schönen Ikonen) benannt.   B.S.

11
La treille à Saint-Germain, um 1903/05
Weinlaube in Saint-Germain
Öl auf Karton über Holz, 34 x 53 cm
Monogrammiert unten links: M / A / U / D (ligiert)
Wallraf-Richartz-Museum – Fondation Corboud, Inv.-Nr. Dep. FC 741
Provenienz:
Galerie Druet, Paris; Privatsammlung, Frankreich; Galerie Von Vértes.
Ausstellungen:
„‚L'ombre et la lumière'. Festspielausstellung 1997", Galerie Salis & Vértes, Salzburg 1997, Kat.-Nr. 14 (m. Farbabb.); „Miracle de la couleur", hrsg. von Rainer Budde und Barbara Schaefer, Wallraf-Richartz-Museum – Fondation Corboud, Köln 2001, Kat.-Nr. 35, Farbabb. S. 93.
Abb. S. 25

Albert Dubois-Pillet
(Paris 1846–1890 Le Puy-en-Velay)

Albert Dubois – den Mädchennamen seiner Mutter, Pillet, pflegte er seinem Geburtsnamen erst seit etwa 1884 beizufügen – schloss 1867 seine Ausbildung an der Militärschule in Saint-Cyr ab und begann seine Laufbahn im Dienst der französischen Armee; 1870/71 diente er im preußisch-französischen Krieg. Um die Mitte der 1870er Jahre begann er, sich autodidaktisch der Malerei zu widmen; sein Talent vermochte zu überzeugen, und 1877 und 1879 fand er mit zwei seiner frühen Bilder – beides Stillleben – Aufnahme im Pariser „Salon Officiel".

In den darauf folgenden Jahren wurde ihm aber – wie vielen anderen Malern auch – die Teilnahme am Salon verweigert, und aus Protest gegen die Auswahlkriterien der Jury des Salons schlossen sich die abgewiesenen Künstler im April 1884 in Paris, wo Dubois-Pillet als Offizier der Garde Républicaine seit 1880 stationiert war, zur ‚Groupe des Artistes Indépendants' zusammen; zu den Teilnehmern der ersten Ausstellung der Gruppe zählte auch Dubois-Pillet. Da sich die Gruppe schon bald untereinander zerstritt, initiierte Dubois-Pillet die Bildung einer neuen Künstlervereinigung, der ‚Société des Artistes Indépendants', die am 4. Juni 1884 gegründet wurde, und an deren jährlichen, juryfreien Gruppenausstellungen Dubois-Pillet bis zu seinem Tod im Jahr 1890 regelmäßig teilnahm. Er verfasste die Statuten der Vereinigung und avancierte zum Organisator der Gruppe.
Waren Dubois-Pillets Bilder aus den ersten Pariser Jahren noch

deutlich vom Impressionismus geprägt, so sollte sein Schaffen seit 1885 immer mehr vom Neoimpressionismus beeinflusst werden; hierzu trug vor allem auch seine enge Freundschaft mit Paul Signac, Charles Angrand und Georges Seurat, dem Begründer der divisionistischen Malweise, bei. Seit 1886 malte Dubois-Pillet seine Landschaften, Stadtansichten, Genrebilder und Stillleben ganz in der pointillistischen Manier, und gegen Ende des Jahres 1886 führte er zusammen mit Signac die ersten Federzeichnungen in kleinen Punkten aus.

Von Emile Zola wurde in dessen 1886 erschienen Roman „L'Œuvre" Dubois-Pillets Gemälde eines toten Kindes (*L'Enfant mort*, 1881, Öl/Leinwand, heutiger Standort: Musée Crozatier, Le Puy) als Werk des Romanhelden, des fiktiven Malers Claude Lantier beschrieben.

Dubois-Pillet war der Erste, der den systematischen Divisionismus auch auf Porträts anwandte, und zu Beginn des Jahres 1887 begann er mit so genannten passages (Übergängen) zu experimentieren, wobei er sich auf die Erkenntnisse der 1807 veröffentlichten Lehre des englischen Wissenschaftlers Thomas Young (1773-1829) berief, nach welcher die Netzhaut aus drei verschiedenen Nervengruppen bestehen soll, jeweils empfänglich für drei Arten unterschiedlich langer Lichtwellen (Rot-, Grün- und Violett- Empfindlichkeit). Ende 1889 wurde Dubois-Pillet – vermutlich als Reaktion auf das beständige Missachten der Ausstellungsverbote, welche das Militär ihm gegenüber wiederholt ausgesprochen hatte – von Paris nach Le Puy versetzt; dort starb er im Jahre 1890. Nach seinem und Seurats Tod (1891) zog sich das Gros der französischen und belgischen Anhänger von der ‚Société des Artistes Indépendants' zurück, und in Frankreich sollte sich erst um 1897/98 ein neues öffentliches Interesse am Neoimpressionismus herausbilden.   B.S.

12
Quai de Lesseps – Rouen, um 1887
Öl auf Leinwand, 31,8 x 45,7 cm
Bezeichnet u. signiert unten rechts: à Pissarro hommage / duBois Pillet
Widmung auf dem Keilrahmen: à M. Pissarro
Wallraf-Richartz-Museum – Fondation Corboud, Inv.-Nr. Dep. FC 743
Provenienz:
Camille Pissarro; Privatsammlung, Frankreich; Verst. Sotheby's, London,
6. Dezember 1983; Walter F. Brown Collection.
Ausstellungen:
„Troisième Exposition de la Société des Artistes Indépendants", Pavillon de la Ville, Paris 1887, Nr. 144; „Septième Exposition de la Société des Artistes Indépendants – Rétrospective Dubois-Pillet", Pavillon de la Ville, Paris 1891, Nr. 432; „Seurat and his contemporaries", Wildenstein & Co., London 1937, Nr. 14; „Pointillismus – Auf den Spuren von Georges Seurat/Pointillisme – Sur les traces de Seurat", Wallraf-Richartz-Museum, Köln/Fondation de l'Hermitage, Lausanne, 1997/98, Kat.-Nr. 36, S. 249 (Farbabb. im Katalogteil); „Miracle de la couleur", hrsg. von Rainer Budde und Barbara Schaefer, Wallraf-Richartz-Museum – Fondation Corboud, Köln 2001, Kat.-Nr. 39, Farbabb. S. 105; „Miracle de la couleur: impressionisme en post-impressionisme. Fondation Corboud", Kunsthal Rotterdam 2003, Kat. S. 87 [als *Quai de Lesseps, Rouen*], Farbabb.

Literatur:
Lily Bazalgette: „Albert Dubois-Pillet, sa vie et son œuvre (1846-1890)", Paris 1976, S. 162f.
Abb. S. 26

13
Paysage, o. J.
Landschaft
Öl auf Leinwand, 36,5 x 54 cm
Wallraf-Richartz-Museum – Fondation Corboud, Inv.-Nr. Dep. FC 609
Provenienz:
Galerie Von Vértes.
Ausstellungen:
„Pointillismus – Auf den Spuren von Georges Seurat", Wallraf-Richartz-Museum, Köln 1997, Kat.-Nr. 41, S. 250 (Farbabb. im Katalogteil); „Miracle de la couleur", hrsg. von Rainer Budde und Barbara Schaefer, Wallraf-Richartz-Museum – Fondation Corboud, Köln 2001, Kat.-Nr. 38, Farbabb. S. 103; „Von Sisley bis Rohlfs – Meisterwerke des Impressionismus und Neoimpressionismus", Kunsthaus Apolda Avantgarde, In Zusammenarbeit mit Wallraf-Richartz-Museum – Fondation Corboud Köln, Köln 2002, Kat.-Nr. 10, Farbabb. S. 31.
Literatur:
„Pointillisme – sur les traces de Seurat", Ausst. Kat. Fondation de l'Hermitage, Lausanne 1998, Nr. 41, S. 250 (Farbabb. im Katalogteil).
Abb. S. 27

Raoul Dufy
(Le Havre 1877–1953 Forcalquier)

Als Ältester aus der Gruppe der drei Fauvisten, die aus Le Havre stammten, ging Raoul Dufy 1900 – zur gleichen Zeit wie Georges Braque – nach Paris. Die beiden Freunde trafen dort Othon Friesz wieder, der zwei Jahre zuvor nach Paris an die École des Beaux-Arts gegangen war. Dort besuchte dieser – wie dann auch Dufy und Braque – das Atelier Léon Bonnats; keiner der drei blieb lange dort.

Unter dem Eindruck der avantgardistischen Malerei, die er in den Galerien in der Rue Laffitte sah, erweiterte Dufy schon bald nach seiner Ankunft in Paris seine Palette und begann nach der Begegnung mit Matisses Bild *Luxe, calme et volupté*[8] im „Salon des Indépendants" des Jahres 1905, in seinen Bildern die Vereinfachung der Form voranzutreiben. Wiewohl auch Dufy sich an diesem „Salon des Indépendants" beteiligte, nahm er nicht am „Salon d'Automne" desselben Jahres teil, auf dem die meisten der Künstlergruppe der Fauves vertreten waren. Während einer Reise in die Normandie im Sommer 1906 arbeitete Dufy zusammen mit Friesz und Marquet, wobei er gemeinsam mit Letzterem eine ganze Serie von Ansichten von Le Havre schuf; Seite an Seite arbeiteten die beiden Künstlerfreunde und malten dieselben Motive. Noch im selben Jahr stellte Dufy im Herbstsalon seine ersten fauvistischen Gemälde aus.

1908 – angeregt durch eine Reise mit Braque nach L'Estaque – wandte Dufy sich dann Kompositionen zu, die deutlich den Bildwerken Cézannes verpflichtet sind.   B.S.

14
Le Boulevard Saint-Martin, 1903
Öl auf Leinwand, 53 x 64 cm
Signiert unten rechts: R. Dufy
Wallraf-Richartz-Museum – Fondation Corboud, Inv.-Nr. Dep. FC 662
Provenienz:
Collection Robert Lebel, Paris; Verst. Loudmer, Paris, 25. März 1990, Lot 7;
Privatsammlung, Paris; Galerie L'Ergastère, Paris.
Ausstellungen:
„Les Fauves", Galerie Charpentier, Paris 1962, Nr. 39; „Raoul Dufy", Galerie
Beaux-Arts, Paris 1962, Nr. 1; „Monet, Renoir et les Impressionnistes", Tobu
Museum of Art, Tokio/Hokkaido Obihiro Museum of Art, Obihiro/The Okayama
Prefectural Museum of Art, Okayama/Nara Prefectural Museum of Art, Nara,
1998, Kat.-Nr. 58, S. 134f. (m. Farbabb.) u. S. 159; „Miracle de la couleur",
hrsg. von Rainer Budde und Barbara Schaefer, Wallraf-Richartz-Museum –
Fondation Corboud, Köln 2001, Kat.-Nr. 40, Farbabb. S. 107; „Miracle de la
couleur: impressionisme en post-impressionisme. Fondation Corboud",
Kunsthal Rotterdam 2003, Kat. S. 143 [als *De boulevard Saint-Martin*],
Farbabb.
Literatur:
Pierre Courthion: „Raoul Dufy", Genf 1951, Taf. 6 [fälschlicherweise datiert
auf 1900]; Maurice Laffaille: „Raoul Dufy. Catalogue raisonné de l'œuvre
peint", Bd. 1 (de 1895 à 1915), Genf 1972, Nr. 81, S. 76 (m. Abb.), als *Les
Boulevards.*
Abb. S. 28

Georges d'Espagnat
(Melun 1870–1950 Paris)

1870 in Melun geboren, verspürte Georges d'Espagnat bereits früh
die Neigung, sich der Kunst zu widmen, und ging 1888 nach Paris.
Scheu und freiheitsliebend wie er war, schulte sich d'Espagnat
durch Besuche des Louvre und durch die Arbeit nach Modellen
im Rahmen eines Unterrichts in einem kleinen Übungsraum am
Boulevard Montparnasse.

Seine erste Einzelausstellung hatte d'Espagnat 1895 in Paris
in der Galerie Le Barc de Boutteville, gefolgt von einer bedeuten-
den Präsentation in der Galerie Durand-Ruel 1897.

Seine Malerfreunde waren Albert André und Louis Valtat.
Letzterer machte ihn um die Jahrhundertwende in Magagnosc mit
Renoir bekannt.

D'Espagnats Freundeskreis vergrößerte sich allmählich:
Nach und nach gehörten Pierre Bonnard, Edouard Vuillard und
Maurice Denis dazu.

1905 stellte d'Espagnat sein Bild *Terrasse à l'italienne* im
„Salon d'Automne" aus – gemeinsam mit jenen, die bald „Fauves"
genannt werden sollten.

In den Jahren zwischen 1905 und 1910 unternahm der Künstler zahlreiche Reisen, die ihn nach Italien, Spanien, Portugal,
England und Deutschland führten.

1936 nahm er eine Professur an der École des Beaux-Arts an.
D'Espagnat erhielt – vor allem in den 1930er Jahren – auch zahlreiche öffentliche Aufträge zur dekorativen Ausgestaltung von
Bauwerken, so 1935 für die ‚Salle à manger d' honneur du paque-
bot', für das Rathaus von Vincennes (1936), das ‚Palais de la
Découverte' (1937), den Justizpalast von Toulouse (1938) und für
das ‚Palais du Luxembourg' (1939).   B.S.

15
Jardin à Verneuil, 1892/95
Garten in Verneuil
Öl auf Leinwand, 63,5 x 77 cm
Monogrammiert unten links: gdE
Wallraf-Richartz-Museum – Fondation Corboud, Inv.-Nr. Dep. FC 613
Provenienz:
Galerie Von Vértes.
Ausstellungen:
„Les lumières de l'impressionnisme. Musée du Petit Palais, Genève/La
Collection Corboud", Daimaru Museum, Tokio/Art Gallery in Kushiro City Hall,
Kushiro/The Museum of Art, Kintetsu/Fukuoka Art Museum, Fukuoka, 1993,
Kat.-Nr. 52, S. 69 (m. Farbabb.) u. S. 83; „Miracle de la couleur", hrsg. von
Rainer Budde und Barbara Schaefer, Wallraf-Richartz-Museum – Fondation
Corboud, Köln 2001, Kat.-Nr. 41, Farbabb. S. 109.
Abb. S. 29

Alfred William (genannt Willy) Finch
(Saint-Josse-ten-Noode/Brüssel 1854–1930 Helsinki)

Willy Finch, englischer Abstammung, war Gründungsmitglied
der ‚Vingt', einer Gruppe von zwanzig Künstlern der belgischen
Avantgarde, die zwischen 1884 und 1895 jährliche Ausstellungen
abhielten. Zur ursprünglichen Gruppe zählten neben Finch auch
dessen Freund James Ensor sowie Ferdinand Khnopff und Théo
van Rysselberghe. Zu den ersten Künstlern, die 1884 zur Beteiligung an den Ausstellungen der belgischen Künstlergruppe
eingeladen wurden, gehörten Whistler, Sargent, Rodin und
Rops.

Anfänglich malte Finch impressionistisch; 1887, nachdem
Seurat und Pissarro bei den ‚Vingt' ausgestellt hatten, übernahm
Finch deren divisionistische Maltechnik und reihte sich somit als
einer der ersten Belgier bei den Neoimpressionisten ein. Zwischen
1887 und 1892 schuf Finch etwa fünfzehn Bilder in der Technik des
Divisionismus und fand in dieser Technik – wiewohl direkt und
offensichtlich von Seurat beeinflusst – zu einem sehr persönlichen,
individuellen Stil.

In einem Aufsatz – vermutlich von Emil Verhaeren verfasst
–, der 1888 in der Zeitschrift „L'Art moderne" erschien, und in
dem die ‚alten' Impressionisten (Caillebotte, Guillaumin) mit den
‚neuen' Impressionisten (Signac, Dubois-Pillet, Finch) verglichen
wurden, wurde besonders diese künstlerische Individualität Finchs
und sein Talent als Kolorist betont:

*„Voici M. Finch, qui, le premier d'entre les Belges, décisivement,
s'embrigade parmi les néo- impressionnistes. Adoptant le ton divisé,
rejetant les mélanges sur palette, n'admettant que les couleurs du*

spectre et seules les employant [...]. On peut lire et déchiffrer ses tableaux et pourtant, à côté de toute cette certitude fournie par la science, sa fine et septentrionale nature de peintre se prouve et s'impose."[9]

Village près des côtes de la Mer du Nord in der Sammlung Corboud besticht vor allem durch seine Leuchtkraft und die Sanftheit der im Bild zum Ausdruck gebrachten Stimmung. Es gelingt Finch hier, die spezifische Atmosphäre des feuchten Klimas der Nordseeküste, deren Landschaft zu seinen bevorzugten Bildmotiven zählte, einzufangen.

Weder die Landschaft noch das Haus in dieser Darstellung sind besonders charakteristisch für eine bestimmte Gegend der belgischen Küste, weshalb die genaue Bestimmung des dargestellten Ortes schwierig ist; jedenfalls kann das Bild in die Zeit um 1889 datiert werden, denn die Technik erscheint uns jener zu entsprechen, die Finch 1889 in *Les meules*[10] anwendet.

Großzügig ist die Komposition angelegt, weit und offen wirkt die gewählte Perspektive auf den Betrachter; die dargestellte Weite des Vordergrundes lässt den Betrachter unweigerlich zurücktreten, um den nötigen Abstand einzunehmen, aus dem er das Bild betrachten kann. Das aber lässt uns wiederum an die Wirkung eines Werkes wie Seurats *Le Chenal de Gravelines, Petit Fort-Philippe*[11] – 1890, also nach unserem Bild entstanden – denken; Finchs künstlerisches Vermögen und sein waches Gespür für das Neue und Moderne werden hier also offensichtlich. In Anlehnung an sein Vorbild Seurat wählte Finch eine Umrahmung, die er in die Darstellung mit einbezog und in der Technik des Divisionismus mit Farbtupfen besetzte.

Willy Finch war außer an der Malerei auch an der angewandten Kunst – insbesondere an der Fertigung von Keramik – sehr interessiert, wobei er sich die hierzu notwendigen Grundlagen und grundlegenden technischen Fertigkeiten in den Manufakturen der Familie Boch aneignete; bereits 1891 beteiligte sich der Künstler sowohl mit Gemälden als auch mit Keramiken an der Ausstellung der Gruppe ,Les Vingt'.

1897 erhielt Finch von dem Grafen Louis Sparre den Auftrag, eine Kollektion zu entwerfen für dessen Keramik-Manufaktur in der Nähe von Helsinki, und Finch reiste nach Finnland, wo er bis zu seinem Tode wohnhaft blieb. In Helsinki malte und lehrte er fast dreißig Jahre und machte den Impressionismus und den Pointillismus in Finnland erst bekannt.

Anna Boch, die erste Besitzerin unseres Gemäldes, war eine Freundin und Kollegin Finchs. Die Tochter des reichen Porzellan-Manufakturisten Frédéric-Victor Boch studierte unter Isidore Verheyden und wurde 1885 Mitglied der Gruppe ,Les Vingt', wo sie die Bekanntschaft Finchs machte. Sie blieb das einzige weibliche Mitglied der Gruppe, mit der sie von 1886 bis 1893 jährlich ausstellte.

Die Wirkung der Werke Seurats, die 1887 und 1888 bei den ,Vingt' ausgestellt waren, veranlassten Anna Boch, den divisionistischen Malstil – gleich Finch – zu übernehmen. Seurat war beeindruckt von den pointillistischen Bildern Bochs, und sie und Finch gehörten zu denjenigen, die – nach dem frühen Tode des Künstlers – von dessen Familie eines seiner nachgelassenen Werke erhielten.

Anna Boch kann als eine Sammlerin mit Weitblick und kritischem und feinem Gespür für Qualität angesehen werden.

Ihre Sammelleidenschaft erwachte um die Zeit ihres Beitritts zur Gruppe ,Les Vingt'; 1890 erwarb sie Vincent van Goghs *Roten Weinberg*, das einzige Gemälde, welches der Künstler zu Lebzeiten verkaufte. Daneben besaß sie Werke von Ensor, Seurat, Signac und Gauguin – und eben Willy Finchs *Village près des côtes de la Mer du Nord*.   B.S.

16
Village près des côtes de la Mer du Nord, um 1889
Ortschaft nahe der Nordseeküste
Öl auf Leinwand, 57,5 x 71 cm
Monogrammiert unten links: A.W.F.
Wallraf-Richartz-Museum – Fondation Corboud, Inv.-Nr. Dep. FC 711
Provenienz:
Anna Boch; Privatsammlung; Galerie Hopkins-Thomas-Custot, Paris.
Ausstellungen:
„Miracle de la couleur", hrsg. von Rainer Budde und Barbara Schaefer, Wallraf-Richartz-Museum – Fondation Corboud, Köln 2001, Kat.-Nr. 42, Farbabb. S. 113; „Miracle de la couleur: impressionisme en post-impressionisme. Fondation Corboud", Kunsthal Rotterdam 2003, Kat. S. 92 [als *Dorp nabij de Noordzee*], Farbabb.
Abb. S. 30

Paul Gauguin
(Paris 1848–1903 Atuona Hiva-Oa/La Dominique, Marquesas-Inseln)

Paul Gauguin verschrieb sich erst um 1883 gänzlich der Malerei, nachdem er von 1865-1871 als Matrose bei der französischen Flotte und 1871-1883 als Börsenmakler in Paris gearbeitet hatte. Allerdings wurde sein Interesse an der Kunst bereits in den 1870er Jahren geweckt, als er begann, eine Gemäldesammlung zusammenzutragen, u. a. Gemälde des französischen Impressionismus und Werke Paul Cézannes.

1876 stellte er ein Werk im Pariser Salon aus; nachdem er durch Camille Pissarro in den Kreis der Impressionisten Einlass gefunden hatte, begann er ab 1879 an deren Gruppenausstellungen teilzunehmen.

Ende 1884 zog Gauguin mit seiner Frau Mette Gad, einer Dänin, und den fünf Kindern nach Kopenhagen, wo er allerdings nur für kurze Zeit blieb; das kulturelle Leben Dänemarks war zu diesem Zeitpunkt für neue künstlerische Impulse von außerhalb nicht empfänglich: Beispielsweise verlangte die Dänische Akademie der Bildenden Künste in Kopenhagen, dass Gauguins Ausstellung mit impressionistischen Gemälden (in den Räumen der ,Art Society of Copenhagen') nach fünf Tagen ihre Pforten schließen sollte. Schon im Juni 1885 ging Gauguin – allein – nach Paris zurück. Mette Gads Verbleib in Kopenhagen war in den darauf folgenden Jahren für eine Reihe dänischer Künstler – wie Mogens Ballin, Johan Rohde und J. F. Willumsen – von großer Bedeutung, hatte Mette doch den Großteil der Kunstsammlung ihres Mannes behalten und war bereit, ihn den Interessierten zu zeigen. Zudem bestand über sie die Möglichkeit für die dänischen Künstler, in direkten Kontakt mit Gauguin und den Malern des Synthetismus sowie den Künstlern der Nabis-Gruppe zu kommen.

1886 besuchte Gauguin zum ersten Mal die Bretagne; durch die Begegnung mit der bretonischen Landschaft und der Bevölkerung dort erschloss sich ihm eine Reinheit, Ursprünglichkeit, Vergeistigung und Mystik, die von entscheidender Bedeutung für seine gesamte künstlerische Entwicklung war.

Nach seinem Besuch in Panama und auf Martinique kehrte Gauguin 1888 in die Bretagne zurück. Hier vollzog er nun einen Bruch mit dem Impressionismus und entwickelte – auf der Grundlage des Cloisonnismus Emile Bernards – die Kunstform des Synthetismus. Er schuf mit ungemischten Farben, großen Farbflächen und dekorativer Linienführung eine stark emotionale, symbolische Ausdrucksform, die das Motiv auf eine zeitlose, metaphysische Ebene hob. Seinen vereinfachten, formalisierten, dekorativen Stil wandte er auch im Bereich der Skulptur und des Holzschnitts an.

In der Bretagne wie in Paris scharten sich die Künstler – ob gleichaltrig oder jünger – um Gauguin als den anerkannten Anführer der symbolistischen Kunst Frankreichs.

Seine fortwährende Suche nach exotischen, unverdorbenen Landstrichen führte Gauguin 1891 nach Tahiti. Nach seiner Rückkehr nach Paris im Jahr 1893 plante er, für immer dort zu bleiben. Seine zähen Versuche, sich und seine Kunst zu vermarkten, mussten unweigerlich zu manchen Zurückweisungen führen, und obwohl sein Ansehen und die Bewunderung für ihn in Künstlerkreisen stetig wuchs, blieben seine Erwartungen hinsichtlich einer großen öffentlichen Anerkennung unerfüllt. Aus diesem Grund zog sich Gauguin 1895 auf die Marquesas-Inseln zurück, wo er 1903 starb. B.S.

17

La rentrée du foin, 1884
Das Einbringen des Heus
Öl auf Leinwand, 58,4 x 72,4 cm
Signiert u. datiert unten rechts: P Gauguin / 84
Wallraf-Richartz-Museum – Fondation Corboud, Inv.-Nr. Dep. FC 663
Provenienz:
Wilhelm Hansens, Ordrupgaard/Dänemark (1916-1932); Prinz Kojiro Matsukata, Tokio (1923); Bridgestone Gallery, Ishibashi Collection, Tokio; Anonym versteigert, Sotheby's, London, 25. Juni 1985, Lot 13; Privatbesitz, New York; Verst. Christie's, New York, Auktion 902, 1998, Lot 43.
Ausstellungen:
„8iéme Exposition Impressionniste", Paris 1886, Nr. 47; „Ex-Matsukata-Collection", Bridgestone Gallery, Tokio 1953, Nr. 36; „2nd Ex-Matsukata-Collection", Bridgestone Gallery, Tokio 1955, Nr. 45; „Ex-Matsukata-Collection", Ishibashi Art Gallery, Kurume 1957, Nr. 35; „Seiyo Bijutsu Meisaku", Municipal Museum of Art, Kyoto 1957, Nr. 50; „Kindai Seiyo Kaiga Meisaku", Ishibashi Art Gallery, Kurume 1961, Nr. 24; „La Peinture française de Corot à Braque dans la Collection Ishibashi de Tokyo", Musée National d'Art Moderne, Paris 1962, Kat.-Nr. 20, S. 38 u. 40, als *Maison dans un jardin;* „The Matsukata Collection Exhibition", City Art Museum, Kobe 1989, Kat.-Nr. 44, S. 167f. (Abb. S. 38); „Miracle de la couleur", hrsg. von Rainer Budde und

Barbara Schaefer, Wallraf-Richartz-Museum – Fondation Corboud, Köln 2001, Kat.-Nr. 45, Farbabb. S. 123.
Literatur:
Karl Madsen: „Wilhelm Hansens Samling", Amsterdam 1918, Nr. 123; „Catalogue de la collection Matsukata", Tokio 1957, Nr. 188; Bernard Dorival: „Un Musée japonais d'Art française" in: „Connaissance des Arts", Nr. 81, November 1958, S. 58 (m. Abb.); „Catalogue de la Bridgestone Gallery", Tokio 1959, Nr. 57; Michael Hoog: „Catalogue of the Ishibashi Collection", (o. O.) 1962, Nr. 20, S. 38 (m. Abb.); Georges Wildenstein: „Gauguin", Bd. 1, Paris 1964, Nr. 124, S. 47f. (m. Abb.); „Catalogue of the Bridgestone Museum of Art", Tokio 1977, Nr. 49 (m. Farbabb.); Masuo Ikeda/Yoshikazu Iwasaki: „Gauguin" (= The Book of Great Masters, 21), Tokio 1977, Nr. 17 (m. Farbabb.).
Abb. S. 31

Léo Gausson
(Lagny-sur-Marne 1860–1944 Lagny-sur-Marne)

In Lagny-sur-Marne, einer Ortschaft in der Nähe von Paris, geboren, begann Léo Gausson seine Künstlerkarriere im Atelier eines Freundes der Familie, dem Holzschnitzer Eugène Froment. Dort kam er in Kontakt mit Maximilien Luce, der ihn in die Technik des Divisionismus einführte: Die reinen Farben werden in kleinen Farbtupfen oder -strichen auf die Leinwand oder die Holztafel aufgetragen, wobei sich die Farben im Auge des Betrachters mischen sollen.

Gausson schloss sich den Neoimpressionisten begeistert an. 1896 veranstaltete er in der Rue Laffitte und 1899 im Théâtre Antoine Sonderausstellungen seiner neuen Werke. Danach trat er in den Kolonialdienst ein. Der Künstler arbeitete z. T. in Maltechniken, die sowohl an den Realismus erinnern als auch an impressionistische und pointillistische Arbeitsweisen. Die systematische Anwendung der pointillistischen Maltechnik gelangte bei Gausson des Weiteren zu ganz eigenen Formerfindungen.

Der in seinen Bildern häufig wahrnehmbare ornamentale, flächige Linienfluss sollte wenige Jahre darauf zu einem wichtigen Stilmerkmal der vollkommen neuartigen Kunstform des Jugendstils (Art Nouveau) werden. R.B.

18

La rue des Étuves à Lagny-sur-Marne (Vue de Lagny-sur-Marne, Femme dans la rue), um 1883
Die Rue des Étuves in Lagny-sur-Marne (Ansicht von Lagny-sur-Marne, Frau auf der Straße)
Öl auf Holz, 28,5 x 20,5 cm
Rückseitig signiert u. datiert unten rechts: Léo Gausson / 1883
Wallraf-Richartz-Museum – Fondation Corboud, Inv.-Nr. Dep. FC 745
Provenienz:
Verst. Drouot, 13. Dezember 1978, Lot 45; Privatsammlung; Verst. Hôtel Drouot, 15. Februar 1995, Lot 42; Galerie Salis & Vértes.
Ausstellungen:
„Pointillismus – Auf den Spuren von Georges Seurat/Pointillisme – Sur les traces de Seurat", Wallraf-Richartz-Museum, Köln/Fondation de l'Hermitage,

Lausanne, 1997/98, Kat.-Nr. 43, S. 250 (Farbabb. im Katalogteil);
„Autour des Néo-Impressionnistes – le group de Lagny", Musée Gatien
Bonnet, Lagny-sur-Marne/Petit Palais – Musée d'Art Moderne, Genf,
1999/2000, S. 10 (m. Farbabb.); „Miracle de la couleur", hrsg. von Rainer
Budde und Barbara Schaefer, Wallraf-Richartz-Museum – Fondation Corboud,
Köln 2001, Kat.-Nr. 47, Farbabb. S. 127.
Literatur:
Micheline Hanotelle: „Léo Gausson (1860-1944). Un peintre méconnu du
Post-Impressionnisme", Paris 2000, Nr. 12, S. 2 im Katalogteil (m. Farbabb. im
Tafelteil).
Abb. S. 32

19
Paysage aux environs de Lagny, um 1887/89
Landschaft in der Umgebung von Lagny
Öl auf Leinwand, 23 x 29 cm
Signiert unten rechts: Leo Gausson
Wallraf-Richartz-Museum – Fondation Corboud, Inv.-Nr. Dep. FC 664
Provenienz:
Galerie Salis & Vértes.
Ausstellungen:
„Pointillismus – Auf den Spuren von Georges Seurat/Pointillisme – Sur les
traces de Seurat", Wallraf-Richartz-Museum, Köln/Fondation de l'Hermitage,
Lausanne, 1997/98, Kat.-Nr. 44, S. 250 (Farbabb. im Katalogteil);
„Miracle de la couleur", hrsg. von Rainer Budde und Barbara Schaefer,
Wallraf-Richartz-Museum – Fondation Corboud, Köln 2001, Kat.-Nr. 46,
Farbabb. S. 125; „Miracle de la couleur: impressionisme en post-impressio-
nisme. Fondation Corboud", Kunsthal Rotterdam 2003, Kat. S. 83 [als
Landschap in de omgeving van Lagny], Farbabb.; „Von Sisley bis Rohlfs –
Meisterwerke des Impressionismus und Neoimpressionismus", Kunsthaus
Apolda Avantgarde, In Zusammenarbeit mit Wallraf-Richartz-Museum –
Fondation Corboud Köln, Köln 2002, Kat.-Nr. 11, Farbabb. S. 33.
Abb. S. 33

Norbert Goeneutte
(Paris 1854–1894 Auvers-sur-Oise)

Norbert Goeneutte war es durch die Unterstützung seines Bruders
Charles möglich, sich in finanzieller Unabhängigkeit der Kunst zu
widmen, ohne den Aspekt der Verkäuflichkeit seiner Werke in
seinem Schaffen berücksichtigen zu müssen.

In den Künstlerkreisen von Paris war er äußerst beliebt und
allseits bekannt, und er verkehrte häufig im Café Nouvelle-
Athènes. Dort machte er auch die Bekanntschaft Manets und
Renoirs.

Seit 1876 stellte Goeneutte im Pariser Salon aus, vor allem
humoristische Darstellungen von Szenen des Pariser Alltagslebens,
Veduten aus Venedig sowie Landschaften und auch Porträts von
‚Originalen' aus den einfachen Gesellschaftsschichten von Paris.

Wiewohl er nie aus dem Schatten seiner berühmteren
Künstlerkollegen herausgetreten ist, sind Goeneuttes impressionistische Bilder großteils qualitätsvoll und von einer durchaus

ansprechenden Stimmungshaftigkeit.   B.S.

20
Portrait de femme (Berthe Morisot), um 1875
Porträt einer Frau (Berthe Morisot)
Öl auf Leinwand, 55 x 46 cm
Signiert oben links: Norbert Goeneutte
Wallraf-Richartz-Museum – Fondation Corboud, Inv.-Nr. Dep. FC 746
Provenienz:
Sammlung Martin Dieterle, Paris; Galerie Salis & Vértes.
Ausstellungen:
„Norbert Goeneutte", Musée Pissarro, Pontoise 1982, Kat.-Nr. 10;
„Miracle de la couleur", hrsg. von Rainer Budde und Barbara Schaefer,
Wallraf-Richartz-Museum – Fondation Corboud, Köln 2001, Kat.-Nr. 49,
Farbabb. S. 131; „Miracle de la couleur: impressionisme en post-impressio-
nisme. Fondation Corboud", Kunsthal Rotterdam 2003, Kat. S. 56 [als *Portret
van een vrouw (Berthe Morisot)*], Farbabb.
Abb. S. 35

Armand Guillaumin
(Paris 1841–1927 Paris)

Jean-Baptiste Armand Guillaumin wurde 1841 in Paris geboren.[12]
Unmittelbar nach Armands Geburt zog die Familie ins Departement Allier und ließ sich dort in Moulins nieder, wo Armand auf
der École communale eine dauerhafte Freundschaft mit Eugène
Murer schloss, dem nachmalig begeisterten Förderer der Impressionisten.

1857 kam Armand auf Veranlassung seiner Eltern nach Paris,
wo er im Geschäft seines Onkels – eines Weißwarenhändlers –
arbeitete; schon bald meldete er sich in der nahe gelegenen städtischen Kunstschule in der Rue des Petits Carreaux an, wo er
Zeichenunterricht bei dem Bildhauer L. D. Caillouette nahm.
1860 begann Guillaumin als Angestellter für die Eisenbahngesell-
schaft Paris-Orléans zu arbeiten,[13] und er nahm sein Zeichenstu-
dium wieder auf, diesmal an der Académie Suisse.

Von großer Bedeutung für Guillaumins Entwicklung waren
zwei Studienkollegen, beide Bewunderer von Courbet, die er dort
kennen lernte, und mit denen er eine enge Freundschaft schloss:
Da war zunächst ein 22-jähriger junger Mann aus Aix namens Paul
Cézanne, und Guillaumin und Cézanne machten an der Académie
Suisse die Bekanntschaft von Pissarro, dem Ältesten unter ihnen.[14]
Als der Kaiser 1863 – als Folge der gegen den offiziellen Salon
gerichteten Künstlerproteste – die Einrichtung eines „Salon des
Refusés" billigte, befand sich unter den Künstlern, die dort
ausstellten, die Gruppe der Maler, die später den Spottnamen
‚Impressionisten' erhalten sollte; ihr gehörten auch Pissarro,
Cézanne und Guillaumin an. Nur wenige nahmen diese Bilder-
schau ernst; die meisten Kritiker sahen in ihr lediglich das Urteil
der Jury bestätigt.[15]

Die frühesten erhaltenen Arbeiten Guillaumins – zum
überwiegenden Teil Pastelle – stammen aus dem Jahr 1865[16]; bei

seinen Landschaftsstudien verwendete der Künstler zeitlebens Pastellfarben[17]. Gegen Ende des Jahres 1868 scheint Guillaumin eine Stelle beim Brücken- und Straßenamt erhalten zu haben. 1869 war ein produktives Jahr für Guillaumin;[18] zahlreiche Ansichten entstanden entlang der Pariser Quais, manche jedoch bezeugen auch das Interesse des Künstlers, die Stadt zu Skizzenexkursionen zu verlassen.

Während des preußisch-französischen Krieges blieb Guillaumin wenig Zeit zum Malen, und die Kommune, die auf die Kapitulation von Paris folgte, bedeutete für Guillaumin eine Katastrophe – die meisten seiner früheren Werke wurden in dem Aufruhr zerstört.[19]

Das Jahr 1871 stand unter dem Zeichen erneuter Aktivitäten; Guillaumin stellte nun bereits den Farbenreichtum der späteren Werke in Aussicht und auch die Pinselführung hatte sich grundlegend gewandelt.

In der Zeit nach dem Krieg festigten sich die Beziehungen zwischen den Künstlern, die sich an der impressionistischen Bewegung beteiligen sollten; 1872 arbeiteten Cézanne und Guillaumin zusammen mit Pissarro in Pontoise. Über Pissarro machten Guillaumin und Cézanne die Bekanntschaft des Arztes Dr. Paul Gachet, der gerade ein Landhaus in Auvers gekauft hatte und der als Amateurkünstler unter dem Namen ‚van Ryssel' (‚aus Lille', wo Gachet geboren war) auch malte und radierte. Gachet hatte Interesse für die neue künstlerische Bewegung und begann, Werke der Impressionisten zu sammeln.

Es fehlen Aufzeichnungen darüber, ob Guillaumin in dem Zeitraum zwischen seiner Teilnahme am „Salon des Refusés" im Jahre 1863 und dem Jahr 1872, als er beim Salon ein Bild einreichte, das abgewiesen wurde, weitere Werke an den Salon schickte. Nach 1872 legte er kein einziges mehr vor.[20]

1873 unterhielt Guillaumin weiterhin enge freundschaftliche Kontakte zu Pissarro und Cézanne. Unter der Leitung von Dr. Gachet experimentierten Cézanne und Guillaumin mit der Radierung. Während Cézanne diese Technik nicht zusagte, scheint sich Guillaumin aus ganzem Herzen der Graphik verschrieben zu haben und fertigte achtzehn oder mehr Radierungen an.[21] Die Radierungen von 1873 weisen darauf hin, dass Guillaumin damals viel in der Pariser Region arbeitete: Bercy, Charonton, Hautes-Bruyères, Vitry, Bas-Meudon, Charonne, La Platrière und Bicêtre. Es ist auch anzunehmen, dass er in kleinem Ausmaß begann, seine Werke zu verkaufen.

Seit dem Krieg hatten von den Impressionisten nur Manet und Berthe Morisot die Gelegenheit auszustellen. Die anderen wurden ständig zurückgewiesen, so dass ihre vor dem Krieg gehegten Erwartungen an eine allmähliche Akzeptanz in einer Enttäuschung mündeten;[22] der Ausschluss der impressionistischen Maler vom Salon geriet zum Credo der reaktionären Politik der Zeit.

Nach zwei weiteren Jahren, als die Lage der Impressionisten immer verzweifelter wurde, kam man überein, sich zusammenzuschließen und eine eigene Ausstellung zu veranstalten. Am 27. Dezember 1873 wurde die Gründungsurkunde der ‚Société anonyme des artistes, peintres, sculpteurs, graveurs etc.' unterzeichnet; ihre Gründungsmitglieder waren: Monet, Renoir, Sisley, Degas, Morisot, Pissarro, Béliard und Guillaumin. Die Ausstellung der Gruppe wurde am 15. April 1874 am Boulevard des Capucines 35, im ehemaligen Atelier von Nadar eröffnet.[23]

Cézanne und Guillaumin nahmen 1876 davon Abstand, sich den Impressionisten bei ihrer zweiten Ausstellung in der Galerie Durand-Ruel anzuschließen, aber sie zeigten ihre Werke auf der dritten, im Frühling 1877 abgehaltenen Impressionisten-Ausstellung.[24]

Bis zu diesem Zeitpunkt hatte sich Guillaumin wie die meisten Impressionisten mit Farbflächen beschäftigt, deren veränderte Farben und Farbwerte die Form ergaben. Nun erscheint jedoch ein anderes, möglicherweise von der Pastelltechnik beeinflusstes Mittel, das auch Renoir und in besonderem Maße van Gogh einsetzen sollten: Die Ausrichtung der Pinselstriche folgt den Umrissen der Form ähnlich der von Radierern verwendeten Technik, um den Eindruck von Plastizität zu erzeugen.

Die Impressionisten hatten sich anfangs nur mit den Wirkungen des Lichts befasst, bevor sie immer tiefer zum Phänomen der Farbe vordrangen. In dem Versuch, das Farbenspiel der Natur so wiederzugeben wie sie es wahrgenommen hatten, lösten sie das Geschehen auf der Leinwand zunehmend in einzelne Details auf. Das vielleicht bezeichnendste Merkmal dieser Periode ist die Entwicklung einer Mikrostruktur des Bildes, in dem die breiten Farbflächen im Stile Monets zu unzähligen einzelnen farbigen Pinselstrichen verfeinert werden. Dies wurde bei Guillaumin zunächst in seinen Pastellen von 1872 erkennbar, erst 1876 auch in seinen Ölbildern: Anstelle von breiten, opaken Farbstrichen, die an Manets Stil denken lassen, ist die Farbe jetzt in ein sanft schillerndes Spiel kleiner Partien aufgelöst und mit strengen, komplexen Pinselstrichen aufgetragen. Trotz der verhaltenen Töne verleiht die Nuancierung der Farben den Landschaften eine leuchtende Sattheit, und wir erkennen eine deutlichere Entwicklung zur Strukturierung der Form mit Hilfe der Pinselführung.

An der Impressionisten-Ausstellung von 1879 nahm Guillaumin nicht teil. Im Laufe des Jahres malte er wieder Landschaften in der Umgebung von Paris und arbeitete an Ansichten der Quais. Offenbar besserte er sein Einkommen jetzt – ebenso wie Renoir – mit der Porträtmalerei auf. Bei der Ausstellung der Impressionisten im Frühjahr 1880 war Guillaumin mit 22 Werken vertreten; einige der unter Guillaumins Einsendungen aufgeführten Werke befanden sich bereits im Besitz von Sammlern.[25]

Auch 1881 stellte Guillaumin bei den Impressionisten aus. Eines der Gemälde, *Quai Sully,* erwarb Paul Gauguin, ein Neuling, der auf Einladung von Pissarro und Degas seine Bilder erstmals 1879 mit den Impressionisten gezeigt hatte.

Joris-Karl Huysmans schrieb eine kritische Beurteilung über diese Impressionisten-Ausstellung; über Guillaumin wusste er zu sagen: *„Monsieur Guillaumin ist ebenfalls Kolorist, mehr noch, ein ungestümer. Auf den ersten Blick sind seine Bilder eine schlammige Masse in Widerstreit stehender Töne und verwischter Konturen, eine Ansammlung zinnoberroter und preußischblauer Streifen; einen kleinen Schritt zurück, und schon wird beim zweiten Blick alles* *klarer: die Farbzusammenstellung wirkt sicherer, die lauten Töne beruhigen sich, die beißenden Farben harmonieren nun miteinander, und uns verblüfft die unerwartete Zartheit bestimmter Teile seiner Gemälde.* "[26]

Die Vorbereitungen zu der Ausstellung des Jahres 1882 wurden durch schwere Meinungsverschiedenheiten behindert; zuletzt wurde doch noch eine Gruppe von Ausstellern zusammengestellt, darunter Caillebotte, Gauguin, Guillaumin, Monet, Morisot, Pissarro, Renoir, Sisley und Vignon. Seit der Ausstellung von 1874 war dies die umfassendste Kunstschau.[27]

Für 1883 war keine Gruppenausstellung geplant. Im Mai beschloss Guillaumin, gemeinsam mit der neu gegründeten ‚Groupe des Indépendants' auszustellen. Die Kunstschau eröffnete am 15. Mai; neben Guillaumin beteiligten sich auch Odilon Redon, Georges Seurat und Paul Signac.[28] Bereits im Juni lehnten sich die Künstler, die an der Ausstellung der ‚Groupe des Artistes Indépendants', teilgenommen hatten, gegen das freizügig geführte Komitee der Unabhängigen auf. Unter der Leitung von Odilon Redon bildeten sie eine neue Organisation, die ‚Société des Artistes Indépendants', die im Dezember 1884 ihre erste Ausstellung hatte. Guillaumin nahm abermals teil, ebenso wie Seurat, Signac, Redon und Gauguins Freund Claude-Emile Schuffenecker.

Im Verlauf des Jahres 1885 zerfiel die Gruppe der Impressionisten mehr und mehr; die Jüngeren scharten sich um Pissarro, und hatte dieser auch die Rolle des chef d'école inne, so wäre es doch falsch anzunehmen, Guillaumin hätte keinen Einfluss auf die jüngeren Künstler ausgeübt, zu denen er nach 1884 viel engere Kontakte als Pissarro pflegte. Die Einflussnahme war nicht gänzlich einseitig; Guillaumin selbst war für die neuen Ideen der jüngeren Künstlergeneration durchaus aufgeschlossen, und in seinem Werk ist zu dieser Zeit ein deutlicher Wandel festzustellen. Aber während Pissarro, inzwischen ein Anhänger Seurats, versuchte, durch die wissenschaftliche Anwendung der optischen Prinzipien eine noch stärkere Leuchtkraft in den Gemälden zu erreichen, kehrte sich Guillaumin vom Licht ab und wandte sich der Farbe zu. Er erzählte Borgmeyer, er sei an den Werken von Seurat und Signac interessiert, doch empfände er ihre Technik als zu mühselig.[29]

1866 machte Portier, ein ‚Gemälde-Makler', Guillaumin mit den van Gogh-Brüdern bekannt, und schon bald entwickelte Vincent eine große Bewunderung für den Impressionismus. Da Pissarro die meiste Zeit in Eragny verbrachte, und Gauguin bis auf wenige Monate im Winter 1886/87 in der Bretagne oder in Panama lebte, unterhielt Guillaumin die engen Beziehungen zu Vincent van Gogh während dessen zweijährigen Parisaufenthalts.

Im Verlauf des Jahres 1886 heiratete Guillaumin Marie-Joséphine Gareton, eine Lehrerin am Pariser Lycée Fénelon. Seine finanzielle Situation hatte sich etwas verbessert; sowohl Portier als auch Nuñes verkauften gelegentlich seine Bilder, und auch Theo van Gogh interessierte sich für seine Werke.

Für den März 1887 plante Durand-Ruel eine Impressionistenschau in New York; Monet, Pissarro, Renoir, Degas, Sisley und Morisot steuerten die meisten Bilder zu der Ausstellung bei; doch

auch Guillaumin war vertreten, und Durand-Ruel nahm außerdem mehrere Arbeiten von Signac und Seurat auf.[30]

Zwischen 1887 und 1892 – Guillaumins letzte fünf Jahre in Paris – setzten die Impressionisten und die Neoimpressionisten ihre gegenseitigen Besuche und regelmäßigen Briefwechsel fort; Guillaumin bildete hiervon keine Ausnahme.

Im Januar 1888 organisierte Theo van Gogh eine kleine Ausstellung mit Arbeiten von Pissarro, Guillaumin und Gauguin in der Galerie Boussod & Valadon,[31] aber allmählich entfremdete sich Guillaumin von der neuen Avantgarde. Als schließlich im Oktober sein erstes Kind, Madeleine, geboren wurde, widmete er sich zunächst nur seiner Familie.[32]

Im März 1889 erhielt Guillaumin die Einladung, mit Gauguins Freunden im Café Volpini zur Weltausstellung auszustellen, doch da Pissarro und Seurat nicht eingeladen wurden, lehnte er ab.[33] Gauguin empfand seine Absage als Fahnenflucht,[34] und so blieb ihre Freundschaft zwar mehr oder weniger bestehen, aber als Künstler trennten sich nun ihre Wege.

1890 stellte Guillaumin wieder mit den Indépendants aus, zum ersten Mal seit 1884. Zusammen mit Seurat, Signac, Luce und Vincent van Gogh zeigte er zehn Gemälde, die erlaubte Höchstzahl. In diesem Jahr arbeitete Guillaumin in den Bergen in Pontcharra und die Isère aufwärts fast bis zur Grenze des Départements Savoie. Die von dieser Exkursion bekannten Bilder charakterisiert eine veränderte Technik, eine Rückkehr zu einer flüssigeren Farbe und gleichmäßigerem Farbauftrag.

Im Januar 1891 wurden Guillaumin und Gauguin eingeladen, mit den Künstlern der Gruppe ‚Les Vingt' in Brüssel auszustellen.[35] Am 21. Januar starb Theo van Gogh; Guillaumin verlor mit ihm einen Freund und Förderer und blieb nun ohne einen regelmäßig für ihn tätigen Händler zurück; auch wurden seine Freunde immer weniger.[36]

Von Januar bis Februar 1894 gab Guillaumin bei Durand-Ruel in Paris eine Einzelausstellung. Nur zehn der 64 gezeigten Ölbilder wurden nicht verkauft. Neben den Ölgemälden zeigte er 41 Pastelle; die Einführung zum Katalog verfasste Arsène Alexandre.

Mit zunehmendem Alter Guillaumins lässt sich die Entstehungzeit seiner Bilder schwerer ermitteln, zumal nur einige wenige Arbeiten datiert sind. An stilistischen Entwicklungen kann beobachtet werden, dass Guillaumins Farbe nach 1893 in ihren Variationen subtiler wurde, doch seine Vorliebe für die glänzenden Schatten des Frühlings und Herbstes auf der Creuse verschleiern diesen Umstand häufig. Im Laufe der Zeit erfuhr seine Pinselführung eine leichte Veränderung. Trotz seiner Neigung, den Pinselstrich der Form anzupassen, wurde er allmählich kürzer und trockener. Erschwert werden Datierungen auch dadurch, dass Arbeiten, die fünfzehn Jahre auseinander liegen, keinen Stilwechsel aufweisen, während im selben Jahr ausgeführte Werke höchst unterschiedlich sein können. Daher kann – ohne äußere Anhaltspunkte – den Bildern aus dieser Periode kein definitives Entstehungsdatum zugeschrieben werden.

Im Herbst des Jahres 1900 besuchte Guillaumin Saint-Servan und Dinard an der bretonischen Küste; im Jahre 1902 verlebte er den August und September in Carolles in der Bretagne. Von September 1903 bis Ende Juni 1904 bereiste Guillaumin die Niederlande und er war fasziniert. Es war sein erster Aufenthalt außerhalb Frankreichs. Rund um die Zuiderzee besuchte er eine Stadt nach der anderen.

1906 ernannte man Guillaumin zum Präsidenten der Abteilung für Malerei beim neuen „Salon d´Automne".[37] In der Zeit, in der Guillaumin diesen Vorsitz führte, wuchs die Mitgliederzahl von 150 auf 275 an, und die Stellung des Salons als eine wichtige Institution in der Kunstwelt festigte sich.

Am 7. Dezember 1911 wurde Guillaumin zum Ritter der Ehrenlegion geschlagen. Er fand jetzt nicht nur offizielle Anerkennung, sondern allmählich nahmen auch diejenigen Notiz von ihm, die sich für die Entwicklung der modernen Kunst interessierten.[38]

1921 rühmte André Fontainas Guillaumin als einen der Begründer der modernen Kunst: *„ein wachsamer Konstrukteur brillanter Szenen spezifischer Qualität [...] Das Werk der Messrs. Guillaumin, Signac, Maurice Denis, Bonnard, Vuillard, Roussel, Vallotton und Valtat – den Meistern, Erneuerern und Wegbereitern – ist maßgeblich [...] M. Guillaumin, entschlossen, die unbekannten Erscheinungen des Lichts zu entdecken, auch auf die Gefahr hin an Harmonie zu verlieren, um an Wahrheit zu gewinnen, hat keine Angst vor einem gestörten atmosphärischen Gleichgewicht seines gleißenden Sonnenlichts. [...] Seine beunruhigende Finesse ist so echt, dass man diesen seltsamen Gefühlsausbruch als eine Demonstration von Virtuosität zu fürchten beginnt, bis ein aufmerksamer, eingehender Blick den Betrachter überzeugt und ihn mit Bewunderung erfüllt."*[39]

Um 1920 lag bereits ein langes aktives Schaffen hinter Guillaumin; allerdings hatte sich sein Leben verändert. 1913 hatte er seine letzte Reise nach Pontcharra unternommen. Vier Jahre zuvor hatte er seine Besuche in Saint-Palais aufgegeben und sein letztes Werk in der Umgebung vor Paris ausgeführt. Nur die Côte d'Azur und Crozant fesselten ihn weiterhin.

Als sich Guillaumins Leben auf Crozant konzentrierte, wurde Limoges zum Dreh- und Angelpunkt seiner Aktivitäten. Männer wie Bernadaud, D'Albis, Haviland und andere schätzten die Gegend um Crozant; sie alle kauften Gemälde von Guillaumin. Guillaumin hatte die Landschaft um Crozant im ersten Dezennium des 20. Jahrhunderts in ihren farbenprächtigsten Erscheinungen ausdrucksvoll geschildert. Im nun folgenden Jahrzehnt machten ihn die feinfühligen ,gelée blanche' (Raureif-Bilder) aus Crozant berühmt, in denen er den vergänglichen Aspekt des frühen Morgenlichts einfing.

Auch nach 1920 malte Guillaumin noch; seine Gemälde kennzeichnete nun eine breite Pinselführung, und das Fehlen verfeinerter Striche deutet darauf hin, dass die Hand des 80-jährigen Malers nicht mehr die Präzision der jüngeren Jahre besaß. Seine Signatur war allerdings nach wie vor kräftig, elegant und genau.

Bemerkenswert ist die farbliche Empfindsamkeit. Zwar sind die gebrochenen Striche des Impressionismus nicht mehr vorhanden, doch hält die epische Brillanz der aufleuchtenden Farben

unvermindert an. Erst ab November 1922 zauderte seine Hand und die Farben begannen, ihre kühne Harmonie zu verlieren.

Vermutlich im Spätherbst 1923 nahm Guillaumin sein letztes Gemälde in Angriff. Es gibt keinen Hinweis darauf, weshalb der Künstler das Malen einstellte; einige Zeichnungen und Pastelle entstanden noch, doch war die sechzig Jahre während Schaffensperiode nunmehr vollendet.

Wenn Guillaumin seine Malerlaufbahn auch beendet hatte, so geriet er deswegen doch nicht in Vergessenheit. 1924 veröffentlichte Edouard Des Courières eine Monographie über den alternden Künstler. Er stellte darin heraus, dass streng genommen nur Monet, Guillaumin, Pissarro, Sisley und Berthe Morisot den Namen ,Impressionisten' verdienten und, dass *„ohne große Namen herabsetzen zu wollen – wie den wunderbar klangvollen von Pissarro, den von Sisley, den geborenen Landschafter mit seinem unendlich zarten Stil, den von Berthe Morisot, wir anerkennen müssen, dass auf dem Gebiet der Malerei Guillaumin ein höhere Sphäre einnimmt."*[40]

Guillaumin erfuhr 1926 eine herausragende Anerkennung: eine Retrospektive im „Salon d'Automne"; die Ausstellung beinhaltete 112 Werke aus allen Perioden seiner Laufbahn.

Am 6. Dezember starb Monet in Giverny, und am 26. Juni 1927 verschied Guillaumin, der nunmehr Letzte aus der Gruppe der Impressionisten, in seinem 86. Lebensjahr im Château de Crignon bei Orly.

Ein Jahr später schrieb Henri Focillon über ihn: *„Guillaumins Landschaften der Creuse haben die sattesten Farben, die der Normandie die strahlende, blendende Qualität des Estérel. Die Spannweite seines Stils, die Gelassenheit, mit der er seine Bilder bearbeitet, stellen ihn neben Monet."*[41]

21
Paysage de Louveciennes, um 1872
Landschaft von Louveciennes
Öl auf Leinwand, 56 x 46 cm
Signiert unten rechts: Guillaumin
Wallraf-Richartz-Museum – Fondation Corboud, Inv.-Nr. Dep. FC 604
Provenienz:
B. Reichenbach; Sammlung Lafaille; Sammlung Weinberg; Wildenstein, New York.
Ausstellungen:
„Vom Spiel der Farbe. Armand Guillaumin (1841-1927) – Ein vergessener Impressionist", Wallraf-Richartz-Museum, Köln 1996, Kat.-Nr. G 5, S. 82f. (m. Farbabb.); „Armand Guillaumin, 1841-1927. Un maître de l'impressionnisme français", Fondation de l'Hermitage, Lausanne 1997, Kat.-Nr. 5, S. 158 (Farbabb. S. 19); „Miracle de la couleur", hrsg. von Rainer Budde und Barbara Schaefer, Wallraf-Richartz-Museum – Fondation Corboud, Köln 2001, Kat.-Nr. 51, Farbabb. S. 141; „Miracle de la couleur: impressionisme en post-impressionisme. Fondation Corboud", Kunsthal Rotterdam 2003, Kat. S. 36 [als *Landschap, Louveciennes*], Farbabb.; „Von Sisley bis Rohlfs – Meisterwerke des Impressionismus und Neoimpressionismus", Kunsthaus Apolda Avantgarde, In Zusammenarbeit mit Wallraf-Richartz-Museum – Fondation Corboud Köln, Köln 2002, Kat.-Nr. 12, Farbabb. S. 35.
Abb. S. 36

22

Rocher à la pointe de la Baumette, 1893
Felsklippe an der Landzunge von Baumette
Öl auf Leinwand, 33 x 46 cm
Signiert unten links: Guillaumin
Rückseitig betitelt u. datiert auf dem Keilrahmen:
Rocher à la pointe de la Baumette / Janvier (18)93, 4h
Wallraf-Richartz-Museum – Fondation Corboud, Inv.-Nr. Dep. FC 559
Provenienz:
Kunsthaus Bühler, Stuttgart.
Ausstellungen:
„Les lumières de l'impressionnisme. Musée du Petit Palais, Genève/La
Collection Corboud", Daimaru Museum, Tokio/Art Gallery in Kushiro City Hall,
Kushiro/The Museum of Art, Kintetsu/Fukuoka Art Museum, Fukuoka, 1993,
Kat.-Nr. 7, S. 24 (m. Farbabb.) u. S. 81; „Vom Spiel der Farbe. Armand Guillau-
min (1841-1927) – Ein vergessener Impressionist", Wallraf-Richartz-Museum,
Köln 1996, Kat.-Nr. G 52, S. 174f. (m. Farbabb.); „Armand Guillaumin, 1841-
1927. Un maître de l'impressionnisme français", Fondation de l'Hermitage,
Lausanne 1997, Kat.-Nr. 46, S. 163 (Farbabb. S. 87); „Miracle de la couleur",
hrsg. von Rainer Budde und Barbara Schaefer, Wallraf-Richartz-Museum –
Fondation Corboud, Köln 2001, Kat.-Nr. 55, Farbabb. S. 147; „Miracle de la
couleur: impressionisme en post-impressionisme. Fondation Corboud",
Kunsthal Rotterdam 2003, Kat. S. 35 [als *Rotsen bij Baumette*], Farbabb.
Abb. S. 37

Georges Lacombe
(Versailles 1868–1916 Alençon)

Den ersten Malunterricht erhielt Georges Lacombe von seiner
Mutter Laure. Später besuchte er die Académie Julian in Paris. Er
schloss sich zunächst der Gruppe der Nabis an, vermittelt durch
Paul Sérusier, änderte aber rasch seinen Stil und wandte sich der
neoimpressionistischen Malweise zu. Von 1888 bis 1897 verbrachte
er die Sommer in Camoret (Finistère). 1893 machte er die
Bekanntschaft von Paul Gauguin. In dieser Zeit entstanden neben
Ölgemälden zahlreiche Skulpturen und Reliefs. Er stellte regelmäßig im Herbstsalon und mit der ‚Société des Artistes Indépendants' aus.

Lacombe gab 1914 nach Kriegsausbruch den Künstlerberuf
auf und wurde Krankenpfleger; er starb an den Folgen einer
Krankheit, die er sich durch Infektion zugezogen hatte.

In vielen Bildern Lacombes wird ersichtlich, welche verschiedenen Malstile um die Jahrhundertwende gleichzeitig möglich
waren und sich durchdringen konnten; während teilweise die
impressionistische Malweise noch ausgeprägt gegenwärtig ist, sind
auch Elemente der (neuen) Richtung des Symbolismus und des
Jugendstils bei Lacombe erkennbar.   R.B.

23

Rochers au Vignage, forêt d'Écouves (Coup de soleil sur les hêtres),
um 1905/08
Felsen bei Vignage, Wald von Écouves (Sonnenstrahl auf den Buchen)

Öl auf Leinwand, 105 x 82,5 cm
Monogrammiert unten rechts: GL (ligiert)
Wallraf-Richartz-Museum – Fondation Corboud, Inv.-Nr. Dep. FC 607
Provenienz:
Ehem. Familie des Künstlers; Galerie Le Paul, Pont-Aven.
Ausstellungen:
„Georges Lacombe", Galerie Balzac, Paris 1924, Nr. 51; „Pointillismus – auf
den Spuren von Georges Seurat", Wallraf-Richartz-Museum, Köln 1997, Kat.-
Nr. 57, S. 250 (Farbabb. im Katalogteil); „Pointillisme – Sur les traces de
Seurat", Fondation de l'Hermitage, Lausanne 1998, Kat.-Nr. 57, S. 251
(Farbabb. im Katalogteil); „Miracle de la couleur", hrsg. von Rainer Budde
und Barbara Schaefer, Wallraf-Richartz-Museum – Fondation Corboud, Köln
2001, Kat.-Nr. 68, Farbabb. S. 171.
Literatur:
Joëlle Ansieau: „Georges Lacombe 1868-1916, catalogue raisonné", Paris
1998, Nr. 84, S. 156 (m. Abb.).
Abb. S. 39

Antoine de La Rochefoucauld (Comte)
(Paris 1862–1960?)

La Rochefoucauld, ein wohlhabender französischer Aristokrat, war
sowohl Maler als auch Dichter, und auch sein Bruder Hubert war
ein talentierter Maler; bisweilen arbeiteten beide wohl gemeinsam
an der Vollendung eines Werkes.

Antoine verkehrte in den späten 1880er Jahren in den symbolistischen Zirkeln von Paris und gehörte zum Kreis der Künstlergruppe um Signac. Seine finanziellen Möglichkeiten erlaubten es
ihm, Malerkollegen wie Bernard und Sérusier zu unterstützen,
und er gehörte zu den ersten Sammlern von Werken van Goghs
und Redons.

1892-1894 erhielt La Rochefoucauld Malunterricht von
Claude-Emile Schuffenecker, wiewohl die Lebensumstände beider
dieses Unterfangen schwierig gestalteten.

Zwischen 1893 und 1914 stellte La Rochefoucauld mehrmals
im „Salon des Indépendants" aus und organisierte im Jahr 1892
den ersten „Salon de la Rose & Croix" in Paris, an dem er auch
selbst teilnahm; für das Lehr- und Regelbuch dieser Vereinigung
verfasste er mehrere Aufsätze.

Daneben verlegte La Rochefoucauld die esoterische Zeitschrift „Le Cœur", von der zehn Ausgaben (zwischen April 1893
und Juni 1894) erschienen, und er gewann hierzu Jules Bois –
einen engen Freund Schuffeneckers – als Herausgeber. In „Le
Cœur" wurden zahlreiche Illustrationen von Charles Filiger (1863-
1928) abgedruckt, und La Rochefoucauld sorgte sich um den
Verkauf der Werke Filigers, um ihn finanziell zu unterstützen.

Von La Rochefoucauld sind – neben seinen pointillistischen
Bildern – auch mehrere Landschaften im Stil der Schule von Pont-
Aven bekannt.   B.S.

24
Paysage néo-impressionniste, 1898
Neoimpressionistische Landschaft
Öl auf Leinwand, 50,2 x 35,6 cm
Signiert u. datiert unten rechts: A. de la Rochefoucauld. – Janvier 1898
Wallraf-Richartz-Museum – Fondation Corboud, Inv.-Nr. Dep. FC 668
Provenienz:
Verst. Sotheby's, Auktion Nr. 7100, New York, 11. März 1998, Lot 35.
Ausstellungen:
„Miracle de la couleur", hrsg. von Rainer Budde und Barbara Schaefer,
Wallraf-Richartz-Museum – Fondation Corboud, Köln 2001, Kat.-Nr. 69,
Farbabb. S. 173; „Miracle de la couleur: impressionisme en post-impressio-
nisme. Fondation Corboud", Kunsthal Rotterdam 2003, Kat. S. 119 [als
Neo-impressionistisch landschap], Farbabb.
Abb. S. 40

Achille Laugé

(Arzens/Carcassonne 1861–1944 Cailhau)

Von seinen Eltern für die Apothekerlaufbahn bestimmt, begann
Achille Laugé 1878 ein Kunststudium in Toulouse und bildete sich
dann – seit 1881 – an der Pariser École des Beaux-Arts weiter. Hier
lernte er Aristide Maillol kennen; beide waren Schüler von Alexandre Cabanel und Jean-Paul Laurens. Nachdem er seinen Militärdienst abgeleistet hatte, kehrte Laugé 1888 zu seiner Familie in
Cailhau in Südfrankreich zurück; seit 1889 hatte er ein Atelier in
Carcassonne und unterhielt viele Freundschaften zu dort lebenden
Künstlern. Dennoch blieb er auch mit der Pariser Kunstwelt durch
Freundschaften, so mit Bourdelle und Maillol, regelmäßige Besuche und seine eigenen Ausstellungen in Kontakt. Er stellte u. a.
mit den Indépendants und den Nabis gemeinsam aus.

Das Bild der Grande Jatte von Georges Seurat, das 1886 unter
viel Tumult ausgestellt worden war, hatte einen nachhaltigen
Eindruck bei Achille Laugé hinterlassen. Seit dem Ende seiner
Pariser Zeit setzte er sich nun intensiv mit den Theorien des
Neoimpressionismus auseinander und übernahm den divisionistischen Pinselstrich der Neoimpressionisten. Da ihn aber die strengen Regeln Seurats in Farbgebung und Komposition zu sehr
einschränkten, fand er bald zu einer eigenen, dem Pointillismus
sehr nahe stehenden Malweise. Er wandte sich von den kleinen,
systematisch niedergesetzten Strichen ab – hin zu einem leichteren
Stil mit breiten und pastosen Tupfen, ein Stil, den er – mehr oder
weniger – bis zum Ende seiner Schaffenszeit beibehielt.

1894 war er mit drei Werken auf dem „Salon des Indépendants"
vertreten und stellte im gleichen Jahr gemeinsam mit den Malern
Bonnard, Maurice Denis, Sérusier, Roussel, Toulouse-Lautrec,
Vuillard u. a. in Toulouse aus. Im Jahr 1900 wurde ein bedeutendes
Werk Laugés vom „Salon de la Nationale" zurückgewiesen.

Laugé war trotz aller theoretischen Überlegungen stets um
die Wiedergabe einer bestimmten Lichtstimmung bemüht; um die
Eindrücke der Natur unmittelbar einfangen zu können, ließ er sich
1905 einen glasüberdachten Wagen bauen – ein ,atelier roulante' –

in dem er bei jedem Wetter arbeiten konnte. Im Jahr 1907 hatte er
seine erste Sonderaustellung in Paris, wurde aber im Jahr darauf
vom „Salon d'Automne" zurückgewiesen. Weitere Sonderaustel-
lungen Laugés fanden in den Jahren 1911, 1919, 1923, 1927, 1929
und 1930 wiederum in Paris statt; 1926 stellte er darüber hinaus
auch in Toulouse aus.

Verschiedentlich arbeitete Laugé auch in Alet und in Collioure, und seit 1932 unterhielt er wieder ein Atelier in Paris, in
direkter Nachbarschaft zu seinem Freund Bourdelle.

Achille Laugé starb 1944 83-jährig in Cailhau; in den folgenden Jahren fanden retrospektive Ausstellungen sowohl in Toulouse
und Paris als auch in London und New York statt. 1968 waren
Werke Laugés in der Ausstellung vertreten, die das Guggenheim-
Museum, New York, der Kunst des Neoimpressionismus widmete.

Blumenstillleben gehören zu den häufigen Motiven im
Schaffen Laugés. Während bestimmte Blumen und Blüten durch
ihre charakteristische Struktur dem Impressionismus als besonders
geeignet erscheinen mussten, so ist die divisionistische Maltechnik
Laugés in ihrem stärker rational durchgeformten Duktus an der
präzisen Erfassung des Gegenstandes weniger interessiert als
vielmehr an den farblichen, durch Licht hervorgerufenen optischen Strukturen; die Farbe wurde mehr und mehr zum Hauptthema in Laugés Malerei. In seinen Figurenbildern und Interieur-
szenen erzeugt ein extrem konsequenter Pointillismus bei jedem
dargestellten Gegenstand einen absolut strengen linearen Umriss,
der in Verbindung mit einer betont geometrischen Flächenstruktur
der Komposition eine gleichsam monumentale Unveränderbarkeit
aller Dinge evoziert, indem jedes Detail höchster Stilisierung
unterworfen scheint.   R.B.

25
La promenade au bord de la rivière, 1888
Promenade am Flussufer
Öl auf Leinwand, 34,5 x 44 cm
Wallraf-Richartz-Museum – Fondation Corboud, Inv.-Nr. Dep. FC 757
Provenienz:
Galerie Von Vértes.
Ausstellungen:
„Pointillismus – Auf den Spuren von Georges Seurat/Pointillisme – Sur les tra-
ces de Seurat", Wallraf-Richartz-Museum, Köln/Fondation de l'Hermitage, Lau-
sanne, 1997/98, Kat.-Nr. 58, S. 251 (Farbabb. im Katalogteil); „Miracle de la
couleur", hrsg. von Rainer Budde und Barbara Schaefer, Wallraf-Richartz-
Museum – Fondation Corboud, Köln 2001, Kat.-Nr. 70, Farbabb. S. 175; „Miracle
de la couleur: impressionisme en post-impressionisme. Fondation Corboud",
Kunsthal Rotterdam 2003, Kat. S. 85 [als *Wandeling langs de oever*], Farbabb.
Abb. S. 41

Henri Lebasque

(Champigné/Maine-et-Loire 1865–1937 Le Cannet/Alpes Maritimes)

Henri-Joseph Lebasque wurde 1865 in Champigné, einer kleinen Stadt im Departement Maine-et-Loire, geboren. Nach dem Besuch der Kunstschule in Angers ging Lebasque 1885 nach Paris, wo er an der École des Beaux-Arts Schüler von Léon Bonnat (1833-1922) wurde;[42] der junge Lebasque stand F. Humbert als Assistent bei der Ausführung der Wandmalereien im Pantheon zur Seite. Lebasque arbeitete auch unter Achille Cesbron, nach dessen Anleitung er Umrahmungen für Gemälde Puvis de Chavannes' malte.

1886 kehrte Lebasque aus gesundheitlichen Gründen nach Anjou zurück, zog aber bereits im folgenden Jahr wieder nach Paris. Er pflegte enge Kontakte zu den Mitgliedern der Künstlergruppe Nabis, welche sich im Jahr 1890 formierte.

1892 erste Ausstellungsbeteiligung von Lebasque bei einer Gruppenausstellung in der Galerie ‚Le Barc de Boutteville' und 1893 Beteiligung am „Salon des Indépendants", aus Anlass derer er die Bekanntschaft von Paul Signac und Maximilien Luce machte.

Seit 1894 Besuche bei Camille Pissarro in dessen Haus außerhalb von Paris; bis zum Tode Pissarros (1903) sollte Lebasque regelmäßig bei dem Künstlerfreund zu Gast sein, und seine Malerei wurde deutlich von der Kunst des Älteren beeinflusst.

1895 heiratete Henri Cathérine Fischer, genannt Ella; im gleichen Jahr wurde die erste Tochter, Marthe geboren.

Im Jahre 1896 wurde Henri Lebasque Mitglied der ‚Société Nationale des Beaux-Arts', und 1899 hatte er mit seinem – auf dem Salon der Vereinigung ausgestellten – Werk *Baigneuses*[43] den ersten großen Erfolg bei Kritikern und Publikum.

1900 wurde dem Ehepaar Lebasque die zweite Tochter Hélène – genannt Nono – geboren; Henri verließ Paris, um an den Ufern der Marne in Lagny zu malen.

Für die Pariser „Exposition Universelle" schuf er mehrere Fresken und gewann mit einer *Maternité*-Darstellung eine Bronze-Medaille.

1903 gehörte Lebasque – neben Henri Matisse u. a. – zu den Gründungsmitgliedern des „Salon d'Automne".

1904/05 reiste die Familie Lebasque nach London und nach Spanien (Madrid). 1906 bereiste Lebasque Italien und auf Anregung von Henri Manguin besuchte er Saint-Tropez, um dort im Licht des Südens zu malen.

Ambroise Vollard beauftragte Lebasque mit Entwürfen zur Fertigung von Keramiken, und der Künstler erhielt den Auftrag, zeitgenössische Darstellungen für Wandteppiche zu schaffen.

1907 erste Einzelausstellung in den Räumen der Galerie Georges Petit; Lebasque malte in Compiègne. Gemeinsam mit mehreren Künstlern des Fauvismus nahm Lebasque 1910 an einer Gruppenausstellung in der Galerie E. Druet in Paris teil; in dieser Zeit entstanden seine ersten Aktdarstellungen. Auftragsarbeiten für Wandmalereien in einem Privathaus in Nantes.

1912 Geburt des Sohnes Pierre; Lebasque besuchte erstmals die Normandie und die Bretagne, die Vendée, wohin er 1915 und 1921 noch einmal zurückkehren sollte.

Den Winter 1912/13 verbrachte Lebasque in Nizza, wo er Theaterdekorationen malte; hier wurde ihm der Auftrag vermittelt, die Wandmalereien für den „Salon des Dames" im ‚Théâtre des Champs-Elysées' in Paris auszuführen.

Bei Ausbruch des Ersten Weltkrieges hielt sich Lebasque in Saint-Maxime auf, wo er Porträts seiner Familie malte; er kehrte nach Paris zurück, um dort die Schrecken des Krieges in einer Folge von Lithographien festzuhalten, und noch 1917 verfolgte er – gemeinsam mit Félix Vallotton – als Armeemaler das Kriegsgeschehen an der Front.

Es folgten weitere Auftragsarbeiten zur Ausgestaltung von Bauwerken in Paris (Hôtel Wattigny, Hôtel Chouard) und in der Normandie (Château Drouilly). 1915 stellte Lebasque erstmals in Übersee aus, auf der „Panama-Pacific International Exhibition" in San Francisco.[44]

1918, im Jahr des Waffenstillstands, malte Lebasque in Cannes; die Galerie Georges Petit nahm den Künstler unter Vertrag. Die erste Hälfte der 1920er Jahre verbrachte Lebasque auf Reisen; er malte in Saint-Tropez (1920), in Collioure an der Mittelmeerküste, nahe der Grenze zwischen Frankreich und Spanien (1921), an der Atlantikküste (in St.-Jean-des-Monts und auf der Île d'Yeu) und in Préfailles (1922), in Toulon und Le Pradet (1923).

1924 – dem Jahr, in dem André Bretons „Manifest des Surrealismus" erschien – ließ sich Lebasque mit seiner Familie in Le Cannet nieder.[45] Hier begann er intensiv mit der Arbeit an seinen Akt-Folgen; er arbeitete mit zwei weiblichen Modellen, von denen eine auch Pierre Bonnard, der in unmittelbarer Nachbarschaft von Lebasque wohnte, Modell saß.

1928 erschien die erste monographische Arbeit zu Leben und Werk des Künstlers von Paul Vitry, Konservator am Louvre.[46]

Henri Lebasque starb im Sommer 1937 in Le Cannet an einem Herzinfarkt; im selben Jahr wurde ein Teil seines künstlerischen Nachlasses im Musée du Petit Palais, Paris, auf der Ausstellung „Exposition des Maîtres de l' Art Indépendant" gezeigt, und es gründete sich die ‚Société des Amis d'Henri Lebasque'. Umfassende Retrospektiven zum Werk Henri Lebasques wurden 1952 in Paris [47], 1955 in Nizza [48], 1966 in New York [49], 1970 in Le Cannet [50] und 1986 in San Francisco [51] gezeigt.

Während er an den künstlerischen Neuerungen, die seine Freunde und Künstlerkollegen vorantrieben, teilhatte, interessierten ihn gleichwohl die bereits mehr anerkannten Kunstformen. Wie sein Biograph Paul Vitry berichtete, wurde Lebasque vor allem durch den Impressionismus Pissarros beeinflusst, der – noch kurz vor seinem Tode – die Werke des Jüngeren, welche auf der Ausstellung der Indépendants des Jahres 1903 gezeigt wurden, voller Bewunderung lobte.

Und nicht zuletzt ließ sich Lebasque auch von den maltechnischen Errungenschaften der Pointillisten einnehmen, die auf den Theorien Georges Seurats hinsichtlich Farbgebung und Farbsetzung gründeten. Hierbei waren es besonders die Theorien Chevreuls von den Komplementärkontrasten der Farben, welche über die Vermittlung durch Seurats Kunst auf Lebasque wirkten, und die – insbesondere im künstlerischen Austausch mit dem

Freund Signac – für Lebasques künstlerische Entwicklung von besonderer Bedeutung sein sollten.[52]

Lebasque, offen für die verschiedenen Kunstströmungen, mit denen er in der Kunstmetropole Paris in Berührung kam, schlug gleichwohl einen ganz eigenen künstlerischen Weg ein und verschrieb sich einer Malerei, mittels derer er den Segen und die Erfüllung häuslichen Lebens – dies sein Hauptanliegen – zur Anschauung bringen konnte. Intimität ist der Ausdruck, der Lebasques Bilder wohl am besten charakterisiert; mit seiner ganzen Persönlichkeit ließ Lebasque sich auf die Themen seiner Malerei ein. Mit seinen Darstellungen vermittelte er dem Betrachter einen Eindruck von glücklicher Vertrautheit der Familie in ihrem Heim; ein starkes Gefühl von Ruhe durchdringt dabei die Darstellungen erfüllten Lebens.

Stets arbeitete Lebasque an der Vervollkommnung seines Stils und entwickelte dabei eine immer stärkere Lyrik in seinen Bildern; seine Pinselführung ist locker und gibt wirklichen Gefühlen Ausdruck. Diese Eigenschaften und ein besonderes Empfinden für Lichtwirkungen machen das Besondere an Lebasques Malerei aus.

Charakteristisch für sein frühes Schaffen sind die impressionistisch aufgefassten Figurenbilder, in denen die Dargestellten in eine Unterhaltung vertieft sind, lesen, speisen, sich miteinander beschäftigen, spielen.[53]   B.S.

26
Le village de Champigné, Maine-et-Loire, 1893
Die Ortschaft Champigné, Departement Maine-et-Loire
Öl auf Leinwand, 41,2 x 33,1 cm
Signiert u. datiert unten rechts: H. Lebasque 93
Wallraf-Richartz-Museum – Fondation Corboud, Inv.-Nr. Dep. FC 669
Provenienz:
Arthur Tooth & Sons Ltd., London (Inv.-Nr. 7373); Verst. Christie's, London, 24. Juni 1997, Lot 142.
Ausstellungen:
„Pointillismus – Auf den Spuren von Georges Seurat/Pointillisme – Sur les traces de Seurat", Wallraf-Richartz-Museum, Köln/Fondation de l'Hermitage, Lausanne, 1997/98, Kat.-Nr. 66, S. 251 (Farbabb. im Katalogteil); „Miracle de la couleur", hrsg. von Rainer Budde und Barbara Schaefer, Wallraf-Richartz-Museum – Fondation Corboud, Köln 2001, Kat.-Nr. 75, Farbabb. S. 185 ; „Miracle de la couleur: impressionisme en post-impressionisme. Fondation Corboud", Kunsthal Rotterdam 2003, Kat. S. 98 [als *Het dorp Champigné, Maine-et-Loire*], Farbabb.
Abb. S. 42

27
Deux bretonnes au bord de la mer, 1897
Zwei Bretoninnen am Meer
Öl auf Leinwand, 46,5 x 56 cm
Signiert u. datiert unten rechts: H Lebasque 97
Wallraf-Richartz-Museum – Fondation Corboud, Inv.-Nr. Dep. FC 670
Provenienz:
Privatsammlung, Paris.

Ausstellungen:
„Miracle de la couleur", hrsg. von Rainer Budde und Barbara Schaefer, Wallraf-Richartz-Museum – Fondation Corboud, Köln 2001, Kat.-Nr. 76, Farbabb. S. 187; „Von Sisley bis Rohlfs – Meisterwerke des Impressionismus und Neoimpressionismus", Kunsthaus Apolda Avantgarde, In Zusammenarbeit mit Wallraf-Richartz-Museum – Fondation Corboud Köln, Köln 2002, Kat.-Nr. 16, Farbabb. S. 43.
Abb. S. 43

Stanislas Lépine
(Caen/Calvados 1835–1892 Paris)

Stanislas Lépine kam 1855 nach Paris und begann 1860 seine Ausbildung im Atelier von Camille Corot, von dem er verschiedene Werke kopierte. Lépine dachte und fühlte im Geiste seines Lehrers, und auch ihn erfüllte eine tiefe Bewunderung und starke Passion für die Wunder der Natur. Lépine lernte in Paris Henri Fantin-Latour kennen, der ihm – mehr als einmal – finanzielle Unterstützung zukommen lassen sollte.

Seiner Heimatstadt Caen und ihrer Umgebung sehr verbunden und geprägt durch seine dort verbrachten Jugendjahre, führte Lépine ein ruhiges und zurückgezogenes Leben und arbeitete stets allein. Seine Bilder konnte er nur schwer verkaufen, wenngleich sein Freund und Protektor, Graf Doria, ihm große Unterstützung zukommen ließ.

1859 stellte Lépine zum ersten Mal aus, doch vom Pariser Salon wurden seine Werke nie angenommen.

Durch die Aufhellung seiner Palette und sein Gefallen am Studium der wechselnden atmosphärischen Stimmungen, was in seinen Stadtansichten und Landschaftsdarstellungen deutlich zum Ausdruck kommt, lassen Lépines Werke die Kunst der Impressionisten – mit denen er 1874 gemeinsam ausstellte – bereits erahnen.

Lépines Landschaften sind nur selten mit Figuren besetzt oder diese sind auf den Status eines Piktogramms reduziert. Oft verwandte Lépine Grautöne, um Lichtwirkungen exakt wiederzugeben. Seine Palette ist so licht wie jene der Schule von Barbizon, und so wird Lépine, mit Boudin und Cals, bisweilen unter den Wegbereitern des Impressionismus genannt.

Durch Lépines Ansichten von Paris und Umgebung – wie der *Île de la Grande Jatte* – kann man, dank der genauen Beobachtungsgabe des Künstlers, eine Vorstellung von den landschaftlichen Gegebenheiten bekommen, wie sie sich dem Betrachter vor mehr als einem Jahrhundert darboten. Hinsichtlich der Bedeutung, die Lépine häufig in seinen Bildern dem Wasser und der Himmelszone beimaß, steht seine Kunst in der Tradition des ‚Goldenen Zeitalters' der niederländischen Malerei und offenbart daneben auch den jüngeren Einfluss der Kunst Johan Barthold Jongkinds   B.S.

28
L'Île de la Grande Jatte, um 1877/82
Die Insel Grande Jatte
Öl auf Leinwand, 46 x 55,2 cm
Signiert unten rechts: S. Lepine
Wallraf-Richartz-Museum – Fondation Corboud, Inv.-Nr. Dep. FC 691
Provenienz:
Nicolas Auguste Hazard (1834-1913), Orroy/Senlis; Verst. Nachlass N. A.
Hazard, Galerie Georges Petit, Paris, 1.- 3. Dezember 1919, Lot 153; Privat-
sammlung, Schweiz; Wildenstein, New York.
Ausstellungen:
„Exposition rétrospective Stanislas Lépine", Galeries Durand-Ruel, Paris
1892, Kat.-Nr. 16 (Nachdruck des Kataloges in: R. Schmit/M. Schmit: „Stanis-
las Lépine: Catalogue raisonné de l'œuvre peint", Paris 1993, S. 358);
„Nature as Scene: French Landscape Painting from Poussin to Bonnard",
Wildenstein, New York 1975, Nr. 32; „Cinco siglos de arte francés", Museo de
Bellas Artes, Caracas 1977, Kat.-Nr. 47 (m. Abb.); „300 Years of French
Painting", Art Museum, Wichita/Kansas 1979, o. Nr.; „French Landscape
Painting & Drawing: An Undercurrent of the Period, circa 1750-1850",
Wildenstein, London 1993, o. Nr.; „The Pre-Impressionist Environment:
Pluralism in Mid-Century France, 1820-1860", Wildenstein, London 1995, o.
Nr.; „River Scenes of France: Paintings and Drawings of the 19th and 20th
Centuries", Wildenstein, New York 1998, o. Nr.; „Miracle de la couleur", hrsg.
von Rainer Budde und Barbara Schaefer, Wallraf-Richartz-Museum – Fonda-
tion Corboud, Köln 2001, Kat.-Nr. 88, Farbabb. S. 211.
Literatur:
M. Clarke: „Corot and the Art of Landscape", New York 1991, Abb. 99, S. 100;
R. Schmit/M. Schmit: „Stanislas Lépine: Catalogue raisonné de l'œuvre
peint", Paris 1993, Nr. 405, S. 170 u. S. 358 (m. Abb.).
Abb. S. 45

Henri Le Sidaner
(Port-Louis/Mauritius 1862–1939 Versailles)

Henri Le Sidaner wuchs zunächst in der Bretagne auf; im Alter
von zehn Jahren zog er mit seiner Familie nach Dünkirchen, wo er
Schüler von A. Desmit war. Von 1880 bis 1885 studierte er an der
École des Beaux-Arts in Paris unter Alexandre Cabanel. Zwischen
1882 und 1887 hielt er sich häufig in Etaples auf, wo er Landschaftsbilder malte. Ab 1887 stellte er regelmäßig im Salon aus und
erhielt 1891 eine Medaille für eines seiner Bilder. Seine Werke
waren beeinflusst von der Kunst Manets und Monets.

1889 nahm ihn der Galerist Georges Petit unter Vertrag,
welcher ihm Ausstellungen in Paris, London und New York
ermöglichte. Von 1896 bis 1900 ist eine symbolistische Phase im
Schaffen Le Sidaners zu erkennen, und seine Themenwahl wurde
durch literarische Vorlagen angeregt. 1897 hatte er eine erste
Einzelausstellung in der Galerie Mancini. 1898/99 hielt er sich in
Brügge auf, und 1900 besuchte er den kleinen Ort Gerberoy
(Seine et Oise). Dort erwarb er 1902 ein Haus, welches mit seinem
Garten die Quelle der Inspiration für viele Gemälde war.

Von Gerberoy aus unternahm er Reisen nach Holland,
Venedig und London (1905, 1907/08). 1929 war er Mitglied der
,Académie Royale des Beaux-Arts' in Brüssel. Er erhielt zahlreiche
Auszeichnungen und Ehrungen: 1901 Goldmedaille in München,
1908 die zweite Medaille in Pittsburgh, 1914 Offizier der Ehrenle-
gion, 1925 Carnegiepreis. Seit 1937 war Le Sidaner als Nachfolger
E. Laurents Präsident der ,Académie des Beaux-Arts' in Paris.
Zuletzt widmete das Musée d'Art Moderne et d'Art Contempo-
raine in Lüttich Le Sidaner eine Sonderausstellung (1996).

In Le Sidaners Werk vermischen sich Impressionismus und
Neoimpressionismus in einer äußerst differenzierten und harmo-
nischen Valeurstechnik. Seine Landschaften, Interieurs und
Blumenbilder sind oft charakterisiert durch eine Malweise, die
den dargestellten Gegenstand wie in einen Dunstschleier hüllt;
häufig sind auch Darstellungen von Landschaften bei Morgen-
oder Abenddämmerung. Bisweilen scheint die von den Impressionisten angestrebte Farbigkeit des Bildeindrucks bei Le Sidaner
geradezu bis zur Buntheit gesteigert; letztlich führt die Farbe
Regie.
R.B.

29
La maison aux roses, Versailles, 1918
Haus mit Rosen in Versailles
Öl auf Leinwand, 108 x 90 cm
Signiert unten links: Le SIDANER
Wallraf-Richartz-Museum – Fondation Corboud, Inv.-Nr. Dep. FC 704
Provenienz:
Galerie Georges Petit, Paris (Nr. 3440); R. Michon; Verst. Hôtel Drouot, Paris,
14. Dezember 1927, Lot 109; Verst. Sotheby's, London, 7. Juli 1971, Lot 3;
Privatsammlung London; Galerie Hopkins-Thomas, Paris.
Ausstellungen:
„Salon de la Société Nationale des Beaux-Arts", Paris 1919, Kat.-Nr. 1947
(m. Abb.); „Le Sidaner", Carnegie Institute, Pittsburgh 1921, Nr. 195;
„Pointillismus – Auf den Spuren von Georges Seurat/Pointillisme – sur les
traces de Seurat", Wallraf-Richartz-Museum, Köln/Fondation de l'Hermitage,
Lausanne, 1997/98, Kat.-Nr. 74, S. 251 (Farbabb. im Katalogteil);
„Monet, Renoir et les Impressionnistes", Tobu Museum of Art, Tokio/Hok-
kaido Obihiro Museum of Art, Obihiro/The Okayama Prefectural Museum of
Art, Okayama/Nara Prefectural Museum of Art, Nara, 1998, Kat.-Nr. 49,
S. 116f. (m. Farbabb.) u. S. 157; „Miracle de la couleur", hrsg. von Rainer
Budde und Barbara Schaefer, Wallraf-Richartz-Museum – Fondation Corboud,
Köln 2001, Kat.-Nr. 91, Farbabb. S. 217.
Literatur:
Camille Mauclair: „Le Sidaner", Paris 1928, S. 44; Yann Farinaux-Le Sidaner:
„Le Sidaner. Catalogue raisonné, l'œuvre peint – l'œuvre gravé", Paris 1989,
Nr. 398, S. 159 (m. Abb.).
Abb. S. 46

Gustave Loiseau
(Paris 1865–1935 Paris)

Der Sohn einer Kaufmannsfamilie lernte zunächst bei einem Dekorateur. Eine kleine Erbschaft gab ihm die Möglichkeit, sich ganz der Malerei zu widmen. Er besuchte keine Kunstschule – sieht man von einem kurzen Gastspiel 1888 an der École des Beaux-Arts in Paris ab –, sondern war Autodidakt. 1890/91 malte er zusammen mit Gauguin, Maufra und Bernard in Pont-Aven, was nicht ohne Einfluss auf sein Werk geblieben ist, und was sich an dem zeichnerisch-graphischen Formcharakter in manchen seiner Bilder zeigt.

1897 nahm ihn der Galerist Durand-Ruel unter Vertrag; Loiseau war von nun an finanziell abgesichert. Er entwickelte seinen Stil jedoch nicht nach dem Vorbild anderer Maler, sondern allein nach der Natur, welche er – sein Leben lang auf Reisen – immer wieder aufsuchte. Sein Ziel war es, Landschaft so ehrlich wie möglich wiederzugeben, und es lag ihm fern, einen anderen Künstler ‚imitieren‘ oder gar einer Theorie wie dem Pointillismus Seurats oder dem Synthetismus Gauguins zu folgen.

Seine Vorliebe galt den Flusslandschaften, die er in zarten Farben auf die Leinwand zu bringen wusste. Eine sanfte Lichtstimmung, die mit ihrem goldenen Licht die Dinge zum Leuchten bringt, ist typisch für die poetische Darstellungsweise Loiseaus.

R.B.

30
Pont Perronet à Mantes, um 1898
Der Pont Perronet in Mantes
Öl auf Leinwand, 50 x 61,8 cm
Signiert unten links: G LOISEAU
Wallraf-Richartz-Museum – Fondation Corboud, Inv.-Nr. Dep. FC 612
Provenienz:
Mme Lambert, Saint Brieue; Galerie Salis & Vértes.
Ausstellungen:
„‚L'Atmosphère'. Farbe – Licht – Raum. Festspielausstellung 1996", Galerie Salis & Vértes, Salzburg 1996, Kat.-Nr. 12 (m. Farbabb.); „Pointillismus – Auf den Spuren von Georges Seurat", Wallraf-Richartz-Museum, Köln 1997, Kat.-Nr. 79, S. 252 (Farbabb. im Katalogteil); „Miracle de la couleur", hrsg. von Rainer Budde und Barbara Schaefer, Wallraf-Richartz-Museum – Fondation Corboud, Köln 2001, Kat.-Nr. 95, Farbabb. S. 224.
Literatur:
„Pointillisme – sur les traces de Seurat", Ausst.-Kat. Fondation de l'Hermitage, Lausanne 1998, Nr. 79, S. 252 (Farbabb. im Katalogteil).
Abb. S. 47

Maximilien Luce
(Paris 1858–1941 Paris)

Nach einer Ausbildung an der École des Arts décoratifs in Paris verdiente Maximilien Luce seinen Lebensunterhalt zunächst als Holzschnitzer und Lithograph. Seine ersten Gemälde sind vom Impressionismus geprägt. Nach 1877 lernte er Camille Pissarro, Georges Seurat und Paul Signac kennen, von denen er in seiner Malweise stark beeinflusst wurde. Er war begeistert von ihren neoimpressionistischen Thesen, die er meisterhaft umzusetzen verstand. Nach 1883 widmete er sich ausschließlich der Malerei. Als Mitglied der Indépendants, der Gruppe unabhängiger Künstler, stellte er seit 1887 nun auch gemeinsam mit seinen Freunden seine neoimpressionistischen Bilder aus und wurde von der zeitgenössischen Kritik als einer der führenden Maler des Neoimpressionismus gefeiert. So schrieb Fénéon über Luce: *Kein literarischer Effekt verfälscht die wahren Emotionen, die seine Bilder hervorrufen. Er braucht kein außergewöhnliches Motiv, keine geplante Beleuchtung, keinen auffallenden Bildausschnitt.*

Die pointillistische Farbtechnik des Tupfens lässt bei Luce die dargestellten Dinge oftmals gleichsam zu einem durchsichtigen, aber vereinheitlichenden Lichtschleier entmaterialisiert erscheinen; wenige stärker hervortretende kompakte Formen gewähren den Kompositionen optischen Halt. Hauptgegenstand seiner Bilder ist – wie fast immer in der Malerei des Pointillismus – das Phänomen Licht und Beleuchtung unter den verschiedensten Bedingungen. Ein leuchtender Eindruck wird bei Luce durch sehr locker und groß, dann wieder dicht und farbmäßig komplementär hingesetzte Farbtupfen hervorgerufen, worin die Einflüsse von Pissarro und Seurat erkennbar werden. Auch wird in seinen Werken deutlich, wie die konsequente Anwendung pointillistischer Farbtupftechnik letztlich zu einer neuen Qualität linearer Flächenformen führen musste, die den Abstraktionsgrad des Dargestellten weiter steigerte und damit selbst zu einer neuen Form-Kunst der Linie sich wandelte, die auf den künftigen Jugendstil (Art Nouveau) verweist. In seinen Großstadtszenen – oft ausschnitthaft gegeben – werden die dargestellten Gestalten in ihren Gesten und Bewegungen – durch einen Pinselstrich, der einen betont flächigen Umriss verleiht – zu fast nur noch zeichnhaft-symbolischen Erscheinungsformen.

Um 1900 gab Luce den neoimpressionistischen Stil allerdings wieder zugunsten einer impressionistischen Malweise auf. Luce starb 1941 in Paris, und im selben und im darauf folgenden Jahr widmete man ihm dort retrospektive Ausstellungen.

R.B.

31
Gisors, scène de rue, 1895
Straßenszene in Gisors
Öl auf Karton, 36,8 x 48,5 cm
Bezeichnet, signiert u. datiert unten links: à l'ami Grave / Luce 95
Wallraf-Richartz-Museum – Fondation Corboud, Inv.-Nr. Dep. FC 574
Provenienz:
Galerie H. Odermatt – Ph. Cazeau, Paris.

Ausstellungen:

„Les lumières de l'impressionnisme. Musée du Petit Palais, Genève/La Collection Corboud", Daimaru Museum, Tokio/Art Gallery in Kushiro City Hall, Kushiro/The Museum of Art, Kintetsu/Fukuoka Art Museum, Fukuoka, 1993, Kat.-Nr. 27, S. 44 (m. Farbabb.) u. S. 82; „Miracle de la couleur", hrsg. von Rainer Budde und Barbara Schaefer, Wallraf-Richartz-Museum – Fondation Corboud, Köln 2001, Kat.-Nr. 98, Farbabb. S. 228; „Von Sisley bis Rohlfs – Meisterwerke des Impressionismus und Neoimpressionismus", Kunsthaus Apolda Avantgarde, In Zusammenarbeit mit Wallraf-Richartz-Museum – Fondation Corboud Köln, Köln 2002, Kat.-Nr. 27, Farbabb. S. 65.
Abb. S. 48

32
Notre-Dame, Vue du Quai Saint-Michel, 1901-1904
Notre-Dame, Ansicht vom Quai Saint-Michel
Öl auf Leinwand, 100 x 118,7 cm
Signiert u. datiert unten links: Luce 1901-04
Wallraf-Richartz-Museum – Fondation Corboud, Inv.-Nr. Dep. FC 692

Provenienz:
Comte Alexandre Doria, Paris; Verst. Cousturier und Nicolay, Palais Galliéra, Paris, 2. Dezember 1970, Lot 182; Edgardo und Francesca Acosta, Los Angeles; Verst. Christie's, London, 8. Dezember 1998, Lot 25, Kat. S. 64f. (m. Farbabb.);
Ausstellungen:
„Miracle de la couleur", hrsg. von Rainer Budde und Barbara Schaefer, Wallraf-Richartz-Museum – Fondation Corboud, Köln 2001, Kat.-Nr. 102, Farbabb. S. 233; „Miracle de la couleur: impressionisme en post-impressionisme. Fondation Corboud", Kunsthal Rotterdam 2003, Kat. S. 97 [als *Notre-Dame, gezien vanaf Quai Saint-Michel*], Farbabb.
Literatur:
Philippe Cazeau: „Maximilien Luce", Lausanne/Paris 1982 (farbige Detailabb. auf dem Titel); Béatrice de Verneilh: „Maximilien Luce et Notre-Dame-de-Paris", in: „L'Oeil", März 1983, S. 24 (m. Farbabb.); Denise Bazetoux: „Maximilien Luce. Catalogue Raisonné de l'œuvre peint", Paris 1986, Bd. 1, Farbabb. S. 100; Bd. 2, Nr. 150, S. 44 (m. Abb.).
Abb. S. 49

Albert Marquet
(Bordeaux 1875–1947 Paris)

Albert Marquet, 1875 in Bordeaux geboren, ging im Alter von fünfzehn Jahren nach Paris, wo er an der École des Arts décoratifs Henri Matisse kennen lernte. Um die Mitte der 1890er Jahre wechselte Marquet an die École des Beaux-Arts, wo er bei Gustave Moreau[54] und bei Cormon studierte und sich mit Manguin, Rouault und Camion anfreundete. Er traf dort auch Matisse wieder und wurde dessen enger Freund.

Im Louvre schuf er Kopien nach den Werken von Poussin, Lorrain, Chardin, Corot und Veronese. Er wurde zu dieser Zeit beeinflusst durch die Impressionisten, durch Cézanne und die Nabis.

Um 1898 begannen die gemeinsamen Bemühungen Matisses und Marquets um eine Malerei in reinen Farben und den Aufbau der Bildfläche allein durch Farbflächen – Bestrebungen, die in der Kunstform des Fauvismus aufgehen sollten.

Seit 1901 nahm Marquet an den Ausstellungen der Indépendants teil, und 1905 war er mit der Gruppe der Fauves im „Salon d'Automne" vertreten. Er schuf zu dieser Zeit auch Skizzen und Zeichnungen, welche die Kunst Hokusais in Erinnerung rufen.

Nach 1905 entfernte sich Marquet mehr und mehr von der Kunst der Fauves, selbst wenn auch späterhin gelegentlich noch Anklänge des Fauvismus in seinem Werk auszumachen sind. 1909 bezog er ein Atelier am Quai Saint-Michel, im selben Haus wie Matisse. Seine Bilder ließen sich nunmehr immer besser verkaufen, und mit den Erträgen aus den Verkäufen unternahm er seine ersten Reisen. Im Jahr 1909 besuchte Marquet Hamburg; 1914 war er in Rotterdam. Seine Palette hellte sich immer mehr auf, wobei die Farbgebung bisweilen an Monet erinnert.

Als der Erste Weltkrieg ausbrach, wurde Marquet – wie Matisse – vom Kriegsdienst befreit, und zusammen gingen die beiden Künstler daraufhin nach Collioure. Zu dieser Zeit stand Marquet bereits bei der Galerie Druet unter Vertrag, so dass ihm ein geregeltes Einkommen sicher war.

Von materiellen Sorgen frei, begann für Marquet nach 1920 eine Zeit ausgedehnter Reisen. Zunächst ging er für einige Zeit nach Algier, wo er seine zukünftige Frau, Marcelle Martinet, kennen lernte. Seine Reisen führten ihn dann durch ganz Frankreich, mit Camoin und Friesz besuchte er London, und 1923 und 1926 war er in Tunis; er bereiste Norwegen (1925), Ägypten (1926) und Spanien (1931, 1932), Rumänien (1933), Russland (1934) und Marokko (1935), Italien (1936), die Schweiz (1936, 1937), Holland und Schweden (1938).

Nach Paris – und auch Algier – kehrte Marquet zwischen seinen Reisen immer wieder zurück. Während der Zeit der deutschen Besatzung Frankreichs, in den Jahren von 1940 bis 1944, lebte Marquet dann in Algier, wo er die Widerstandsbewegung unterstützte; im Mai 1945 kehrte er nach Paris zurück, wo er 1947 starb. Zuletzt war sein langjähriger Freund Matisse wieder sehr häufig bei ihm.

Erst nach einer Phase des Experimentierens hat Albert Marquet zu seinem persönlichen, unverwechselbaren Stil gefunden: Hatte er sich zunächst ganz der Kunstrichtung des Fauvismus verschrieben, so bildete sich doch schon sehr bald seine ganz eigene Kunstauffassung heraus.

Nachdem er sich erst intensiv der Akt- und Porträtmalerei gewidmet hatte, schuf er fernerhin überwiegend Landschaften, wobei er nicht müde wurde, immer wieder dieselben Motive zu malen, doch vermochte er diese in seinen Bildern zu stets neuartigen Kompositionen zu verarbeiten. So malte er etwa häufig die diesigen Häfen des Nordens, den nebelverhangenen Pont-Neuf oder die belebten Straßen von Paris – stets ganz ähnliche Ansichten, dennoch immer wieder anders, voller Lebendigkeit, Harmonie und Poesie.

Während Marquets frühe Bilder noch einen pastosen, kräftigen, ‚stakkativen' Farbauftrag aufweisen, sind seine späteren Werke gekennzeichnet durch einen wesentlich flüssigeren Malstil.

Auch besitzen seine frühen Bilder eine lebhafte Kraft und einen Reichtum der Farbe, die später einer matteren, gedeckten Tonigkeit weicht. Im Verlauf des zweiten Dezenniums erreichte seine Palette eine höchste Nuanciertheit der Töne, die aber – charakteristisch für sein weiteres Kunstschaffen – nunmehr trüber und abgestumpfter sind.

Den Hauptvertretern der Gruppe der Fauvisten freundschaftlich verbunden, ist Marquet auch seinem Schaffen nach zu dieser Kunstrichtung zu zählen – und er war einer der von der Kritik am meisten bewunderten und gelobten Künstler des Fauvismus. Zwar geht er in seiner Kunst nicht ebenso weit wie die Fauvisten Matisse oder Derain, doch auch in seinen Werken wird etwa die traditionelle Perspektive verändert. Da er vielfach Motive darstellte, die ihrer Natur nach eine starke Farbigkeit besitzen, war Marquet jedoch nicht gezwungen, willkürlich ausdrucksstarke Farben zu wählen. Seine Bilder vermitteln stets sehr eindrucksvoll Stimmungen und Atmosphäre; die Freiheit des Ausdrucks und des Kolorits beeinträchtigt niemals die Geschlossenheit der Darstellung, und auch sein gesamtes Œuvre bietet sich als eine Einheit dar. B.S.

33
Banlieue de Paris, 1899
Vorort von Paris
Öl auf Karton, 23,5 x 31,5 cm
Signiert unten links: marquet
Wallraf-Richartz-Museum – Fondation Corboud, Inv.-Nr. Dep. FC 671
Provenienz:
Mme Marcelle Marquet; Privatsammlung London; Wildenstein, New York.
Ausstellungen:
„Marquet", Huguette Berès, Paris 1960, Nr. 7, fälschlicherweise datiert auf 1904; „Marquet", Bridgestone Museum of Art, Tokio 1960, Kat.-Nr. 3 (m. Abb.), fälschlicherweise datiert auf 1898; „Les Fauves", Galerie Charpentier, Paris 1962, Nr. 77; „Le Fauvisme français et les débuts de l'Expressionnisme allemand", Musée National d'Art Moderne, Paris/Haus der Kunst, München, 1966, Kat.-Nr. 64, Abb. S. 116, fälschlicherweise datiert auf 1898; „Les Fauves", Seibu Gallery, Tokio/Ishikawa Prefectural Art Museum, Kanazawa, 1974, Kat.-Nr. 37 (m. Abb.), fälschlicherweise datiert auf 1905; „Exposition Albert Marquet", Wildenstein, Tokio 1982, Kat.-Nr. 3 (m. Abb.); „Albert Marquet. 1875-1947. A tribute to the late Jean-Claude Martinet, author of the forthcoming Catalogue raisonné of the artist's work", Wildenstein, New York/Wildenstein, London, 1985, o. Kat.-Nr., Farbabb. S. 17; „Albert Marquet. 1857-1947", Fondation de l'Hermitage, Lausanne 1988, Kat.-Nr. 8, S. 175f. (m. Abb.) u. Farbtaf. 8 ; „Miracle de la couleur", hrsg. von Rainer Budde und Barbara Schaefer, Wallraf-Richartz-Museum – Fondation Corboud, Köln 2001, Kat.-Nr. 103, Farbabb. S. 237.
Abb. S. 51

Henri Martin
(Toulouse 1860–1943 La Bastide-du-Vert)

Henri Martin besuchte zuerst die École des Beaux-Arts in Toulouse; 1879 nahm er seinen Wohnsitz in Paris. Ein Stipendium

ermöglichte es ihm, im Atelier von Jean-Paul Laurens zu arbeiten. 1883 bekam er einen Preis für ein im Pariser Salon ausgestelltes Werk; 1885 erhielt er ein Stipendium für eine Studienreise nach Italien. Dort beeindruckten ihn besonders die Meisterwerke von Giotto und Masaccio, von denen er Kopien anfertigte.

Nach seiner Rückkehr nach Paris wurde er vor allem durch die neoimpressionistische Malweise beeinflusst. 1895 erhielt er den Auftrag, für das Pariser Rathaus das Gemälde *Apollo und die Musen* zu malen. Dieser Auftrag brachte ihm die Mitgliedschaft in der Ehrenlegion. R.B.

34
Paysan rentrant au village, um 1898
Ins Dorf heimkehrender Bauer
Öl auf Leinwand, 81,5 x 114 cm
Wallraf-Richartz-Museum – Fondation Corboud, Inv.-Nr. Dep. FC 779
Provenienz:
Galerie Von Vértes.
Ausstellungen:
„Pointillismus – Auf den Spuren von Georges Seurat/Pointillisme – Sur les traces de Seurat", Wallraf-Richartz-Museum, Köln/Fondation de l'Hermitage, Lausanne, 1997/98, Kat.-Nr. 92, S. 253 (Farbabb. im Katalogteil); „Miracle de la couleur", hrsg. von Rainer Budde und Barbara Schaefer, Wallraf-Richartz-Museum – Fondation Corboud, Köln 2001, Kat.-Nr. 106, Farbabb. S. 243.
Abb. S. 52

35
Paysage (Maison à la campagne), um 1910
Landschaft (Haus auf dem Lande)
Öl auf Leinwand, 60 x 81 cm
Signiert unten rechts: Henri Martin
Wallraf-Richartz-Museum – Fondation Corboud, Inv.-Nr. Dep. FC 672
Provenienz:
Verst. Sotheby's, New York, 21. Mai 1982, Lot 316; Verst. Christie's, New York, 8. November 1995, Lot 161; Privatbesitz, Frankreich; Galerie Salis & Vértes.
Ausstellungen:
„Pointillismus – Auf den Spuren von Georges Seurat", Wallraf-Richartz-Museum, Köln 1997, Kat.-Nr. 93, S. 253 (Farbabb. im Katalogteil); „Miracle de la couleur", hrsg. von Rainer Budde und Barbara Schaefer, Wallraf-Richartz-Museum – Fondation Corboud, Köln 2001, Kat.-Nr. 107, Farbabb. S. 245; „Miracle de la couleur: impressionisme en post-impressionisme. Fondation Corboud", Kunsthal Rotterdam 2003, Kat. S. 100 [als *Landschap (Huis op het platteland)*], Farbabb.; „Von Sisley bis Rohlfs – Meisterwerke des Impressionismus und Neoimpressionismus", Kunsthaus Apolda Avantgarde, In Zusammenarbeit mit Wallraf-Richartz-Museum – Fondation Corboud Köln, Köln 2002, Kat.-Nr. 28, Farbabb. S. 67.
Literatur:
„Pointillisme – sur les traces de Seurat", Fondation de l'Hermitage, Lausanne 1998, Nr. 93, S. 253 (Farbabb. im Katalogteil).
Abb. S. 53

Maxime Maufra
(Nantes 1861–1918 Poncé)

Maxime Maufra wurde 1861 als Sohn eines Fabrikbesitzers in Nantes geboren, wo er schon früh Schüler zweier Landschaftsmaler – der Brüder Leduc – war.

1881-1883, nachdem er seinen Militärdienst absolviert hatte, ging Maufra auf Betreiben seines Vaters nach Liverpool, wo er eine kaufmännische Ausbildung erhielt.[55]

Zurück in Nantes, 1884, wandte er sich – ermutigt durch den Landschaftsmaler Charles Le Roux, einen Schüler Corots – mehr und mehr der Kunst zu, und es entstanden seine ersten Arbeiten vor der Natur; seine Motive fand er vor allem an den Küsten der Bretagne. 1886 beteiligte er sich erstmals am „Salon de la Société des Artistes français" und erntete für seine Gemälde mit Ansichten aus der Umgebung von Nantes großes Lob von Octave Mirbeau in dessen Salon-Kritiken. Im selben Jahr veranstaltete John Flornoy, ein Bekannter Maufras, in Nantes eine große Ausstellung moderner Kunst, und auf dieser Ausstellung sah Maufra viele impressionistische und neoimpressionistische Werke (u. a. von Boudin, Pissarro, Guillaumin, Monet, Renoir, Sisley, Gauguin, Seurat und Signac), die ihm die neuerlichen Bewegungen in der französischen Kunst offenbarten.

Seinen Beruf als Kaufmann sollte Maufra einige Jahre später – um 1889/90 – endgültig aufgeben, um sich ausschließlich der Kunst zu widmen. Er malte zu dieser Zeit vorwiegend in der Umgebung von Nantes, an den Ufern der Loire, und es entstanden Landschaften, die deutlich vom Impressionismus beeinflusst sind.

1890 ging Maufra zum ersten Mal nach Pont-Aven und machte dort zufällig die Bekanntschaft von Gauguin, Sérusier, Filiger und de Haan, die dort am 14. Juli den französischen Nationaltag feierten. Maufra, der bis zu diesem Zeitpunkt dem Impressionismus zuneigte, fühlte sich von dem Kreis um Gauguin und dessen künstlerischen Idealen angezogen und mietete sich 1891 in Pouldu in der Herberge von Marie Henry ein, wo auch Filiger wohnte, und welche gelegentlich auch von Verkade, Sérusier, Bernard, Loiseau, Moret und Seguin aufgesucht wurde. Maufra schuf nun Werke – deren Kompositionen einfach und dekorativ sind – im Geist und im Stil des Synthetismus. Bei Betrachtung der Bilder Maufras aus dieser Zeit wird deutlich, wie intensiv er sich mit der Kunst Gauguins auseinander gesetzt haben muss, lassen in diesen Werken doch die Betonung der linearen Formen sowie der ineinander fließende Farbauftrag und die langen Pinselstriche die genaue Kenntnis der Malerei Gauguins offensichtlich werden.

1890-1892 beteiligte sich Maufra an den Ausstellungen der Indépendants.

Gauguin, der mittlerweile auf Tahiti lebte, kehrte gegen Ende des Jahres 1893 nach Frankreich zurück und besuchte im November Maufra in dessen Pariser Atelier. Während dieses Besuches äußerte er gegenüber Maufra:

„Je sais que vous défendez mon art et je vous en remercie. Nous suivons une voie toute différente; la votre est bonne et vous n´avez qu´à continuer."[56]

Die beiden Maler blieben Freunde und trafen sich so oft wie möglich, bevor Gauguin im Juni 1895 erneut in die Südsee, zu den Marquesas-Inseln aufbrach.[57]

1892 hatte Maufra sich in Paris am Montmartre niedergelassen und wohnte dort im späteren ‚Bateau Lavoir', welches zu diesem Zeitpunkt noch den Namen ‚Maison du Trappeur' trug. Seit etwa 1898 war seine Malerei wieder stärker vom Impressionismus beeinflusst und wurde konventioneller. Zu diesem Zeitpunkt schloss er sich einer regionalistischen Bewegung in der Bretagne an (néo-breton), die sich in Zusammenhang mit der Bildung einer regionalen Kunstschule im bretonischen Quimper entwickelte.

1896 fand die erste Einzelausstellung Maxime Maufras (in Paris und in New York) in den Räumen der Galerie Durand-Ruel statt, welche den Künstler unter Vertrag nahm. Durand-Ruel kaufte Maufras Bilder, und die Werke wurden in Einzel- und Gruppenausstellungen in den Galerien Durand-Ruels in Paris und in New York gezeigt.[58] Die Beziehung zwischen Künstler und Händler war dabei nicht eben einfach, zumal Maufras Bilder sich nicht immer gut verkauften.[59]

Zahlreiche Reisen führten Maufra an die Küsten der Normandie, nach Finistère, nach Morbihan[60], in die Umgebung von Douarnenez; er malte an den Ufern der Seine *(Voiliers en baie de Seine, 1899)*, im Midi, der Vendée, an den Küsten des Mittelmeeres, in Savoyen und in Paris, wo er für gewöhnlich die Wintermonate verbrachte.

Regelmäßig besuchte Maufra die Belle-Île, und 1903 unternahm er seine erste Reise auf die Halbinsel Quiberon, wo er ein Haus in Kerhostin, einem Dorf unweit von Quiberon, erwarb.

Es folgten Reisen nach Antibes, L'Esterel und 1913 nach Algerien. 1917, während des Ersten Weltkrieges, reiste Maufra an die Front zur Kompanie von Charles Le Goffic, um zehn Lithographien vorzubereiten, die im Juni des Jahres unter dem Titel *Paysages de Guerre* veröffentlicht wurden; 1918 verstarb der Künstler in Poncé (Sarthe) an den Folgen eines Herzanfalls.

Maxime Maufras Kunst steht am Ausgang der Epoche des Impressionismus und ist sowohl von der Malerei Pissarros und Monets beeinflusst, als auch von Werken Gauguins und der Gruppe der Maler von Pont-Aven. Maufras Farbauftrag ist pastos und die Farbgebung bisweilen geradezu abstrakt; die Darstellungsweise ist weniger der Wiedergabe von Phänomenen des Lichts – wie bei den Impressionisten – verpflichtet, als vielmehr dem Zeichenhaften, und sie charakterisiert das Gegenständliche mit kräftigem Strich. In einem Gemälde wie *L'arc-en-ciel,* 1901 – nach seiner erneuten Hinwendung zum Impressionismus entstanden –, zeigt Maufra sich in der Nachfolge Monets, ohne dabei die Errungenschaften des Cloisonnismus gänzlich aufzugeben; die Felsen setzen sich hell vor dem düsteren Blau des Himmels ab, und der impressionistische Pinselduktus Maufras scheint hier weniger systematisch als in den Bildern seiner Freunde Gustave Loiseau und Henri Moret.

Neben der Malerei betätigte sich Maufra seit 1892 zudem auch als Stecher, und bis 1918 entstanden annähernd 100 Kupferstiche, Radierungen und Lithographien.[61]   B.S.

36
Voiliers en baie de Seine, 1899
Segelboote in einer Bucht der Seine
Öl auf Leinwand, 61 x 74 cm
Signiert u. datiert unten links: Maufra 99
Wallraf-Richartz-Museum – Fondation Corboud, Inv.-Nr. Dep. FC 611
Provenienz:
Galerie Durand-Ruel, Paris (Inv.-Nr. 5261); Galerie Le Paul, Pont-Aven.
Ausstellungen:
„Maufra", Galerie Durand-Ruel, Paris 1926, Kat.-Nr. 15; „Les lumières de
l'impressionnisme. Musée du Petit Palais, Genève/La Collection Corboud",
Daimaru Museum, Tokio/Art Gallery in Kushiro City Hall, Kushiro/The Museum
of Art, Kintetsu/Fukuoka Art Museum, Fukuoka, 1993, Kat.-Nr. 34, S. 51 (m.
Farbabb.) u. S. 82; „Miracle de la couleur", hrsg. von Rainer Budde und
Barbara Schaefer, Wallraf-Richartz-Museum – Fondation Corboud, Köln 2001,
Kat.-Nr. 110, Farbabb. S. 253.
Abb. S. 54

37
L'arc-en-ciel, 1901
Der Regenbogen
Öl auf Leinwand, 76 x 99 cm
Signiert u. datiert unten links: MauFra 1901.
Wallraf-Richartz-Museum – Fondation Corboud, Inv.-Nr. Dep. FC 584
Provenienz:
Galerie Le Paul, Pont-Aven.
Ausstellungen:
„Les lumières de l'impressionnisme. Musée du Petit Palais, Genève/La
Collection Corboud", Daimaru Museum, Tokio/Art Gallery in Kushiro City Hall,
Kushiro/The Museum of Art, Kintetsu/Fukuoka Art Museum, Fukuoka, 1993,
Kat.-Nr. 35, S. 52 (m. Farbabb.) u. S. 82; „Miracle de la couleur", hrsg. von
Rainer Budde und Barbara Schaefer, Wallraf-Richartz-Museum – Fondation
Corboud, Köln 2001, Kat.-Nr. 111, Farbabb. S. 254.
Abb. S. 55

Jean Metzinger
(Nantes 1883–1956 Paris)

Der Maler Jean Metzinger war über einen längeren Zeitraum in
Vergessenheit geraten, da seine führende Rolle bei der Entstehung
des Kubismus nicht erkannt wurde; erst seit Mitte der 1980er Jahre
ist das Interesse an dem Künstler wieder gewachsen.

Metzinger hatte zunächst autodidaktisch zu malen begonnen; bald nahm er Malunterricht in Nantes bei dem Porträtmaler
Hypolitte Touront, von dem verschiedene Werke im Pariser Salon
Aufnahme gefunden hatten, und welcher hinsichtlich Linienführung und Perspektive der traditionellen akademischen Malerei
eines Carolus Duran verpflichtet war.

Der Kunst der Impressionisten und Neoimpressionisten
stand Touront kritisch und ablehnend gegenüber. Sein Schüler
Metzinger hingegen nahm begierig alle Nachrichten, derer er
habhaft werden konnte, über die moderne Szene in Paris auf und

interessierte sich besonders für die Kunstauffassung der Divisio-
nisten – Seurat, Signac, Cross –, die die Mischung der Farbe nicht
mehr auf der Palette vollzogen, sondern deren Malerei vielmehr –
entsprechend den naturwissenschaftlichen Lehren von den Geset-
zen der Komplementärkontraste – darauf zielte, die reinen Farben
sich im Auge des Betrachters vermischen zu lassen.

Zu diesem Zeitpunkt schuf Metzinger seine ersten größeren
Bilder, mit denen er unmittelbar das Interesse der Presse sowie der
Kunsthändler auf sich zu ziehen vermochte; 1903, im Alter von
nur 19 Jahren, war Metzinger bereits mit drei Werken im Pariser
„Salon des Indépendants" vertreten (20. März-25. April).[62] Noch
im selben Jahr übersiedelte er nach Paris, dem damaligen Zentrum
aller Kunstströmungen, und konnte nunmehr einen direkten
Eindruck vom Schaffen der modernen Künstler gewinnen.

Kurz nach seiner Ankunft in Paris eröffnete sich dem jungen
Künstler bereits die Möglichkeit der intensiven Auseinandersetzung mit dem Werk von Paul Cézanne, Maximilien Luce und Paul
Signac; diesen Künstlern wurden im Laufe des Jahres 1904 in Paris
drei große Ausstellungen gewidmet, und im Frühjahr 1905 veran-
stalteten die Indépendants eine Retrospektive zum Werk des früh
verstorbenen Georges Seurat. In diesen Jahren brandete eine
zweite Welle des Neoimpressionismus ihrem Höhepunkt entgegen
und verfehlte auch nicht die Wirkung auf den jungen Metzinger.[63] Dieser hatte allerdings schon seit 1902/03 in der neoimpressionistischen Manier zu malen begonnen, wobei seine Vorliebe für
das Spiel mit den Farben bereits deutlich zum Ausdruck kommen
und ihn zu einem ersten schöpferischen Höhepunkt gelangen
lassen sollte.[64]

Das Gemälde *Cour de Ferme,* entstanden vor 1906, ist gekennzeichnet durch einen mosaikähnlichen Farbauftrag, der für die
neoimpressionistische Periode in Jean Metzingers Schaffen charakteristisch ist; in dieser frühen pointillistischen Stilperiode sieht man
heute eine der beeindruckendsten Phasen seines Schaffens.

Innerhalb dieser Periode lassen sich zwei Phasen unterschei-
den. Die frühen Bilder ‚baut' Metzinger aus annähernd vierecki-
gen, teilweise auch runden Farbtupfern, welche er in den späteren
Werken dann getrennt zu setzen beginnt, so dass die Leinwand
dazwischen erkennbar bleibt.[65]

Eine enge Freundschaft verband Metzinger mit Robert Delau-
nay. Die beiden Künstler diskutierten häufig über künstlerische
Probleme, und ihre Malerei zeigt in den Jahren um 1905 eine auffal-
lend ähnliche Technik; auf der 22. Ausstellung der Indépendants im
Jahr 1906 (20. März-30. April) waren beide Künstler vertreten. In der
Folge sollte Metzinger jedoch im Ausdruck einer starken, mosaikhaf-
ten Farbsetzung weiter gehen als sein Künstlerfreund. Mit dieser
exakten Mosaikhaftigkeit der Darstellung weist Metzinger in den
späten Bildern aus seiner neoimpressionistischen Phase voraus auf
die Konstruktivität und Ordnung, die wenig später seine kubisti-
schen Bilder, die seit den Jahren zwischen 1907 und 1909 entstanden,
auszeichnen sollte. Zuvor allerdings gewahrt man in Metzingers
Werk auch eine kurzzeitige Hinwendung zur Kunstauffassung des
Fauvismus, was ein Ausdruck seiner allgemeinen Bereitschaft war,
neue künstlerische Ideen und Aufgaben aufzugreifen und seinen
schöpferischen Horizont beständig zu erweitern.   B.S.

38
Cour de ferme, vor 1906
Bauernhof
Öl auf Leinwand, 56,5 x 73 cm
Signiert unten links: J. Metzinger
Wallraf-Richartz-Museum – Fondation Corboud, Inv.-Nr. Dep. FC 701
Provenienz:
Galerie J. Le Chapelin, Paris; Anonym verst., Hôtel Drouot, Paris, 28. Oktober 1960, Lot 81; Verst. Christie's, New York, 9. November 1999, Lot 294.
Ausstellungen:
„Miracle de la couleur", hrsg. von Rainer Budde und Barbara Schaefer, Wallraf-Richartz-Museum – Fondation Corboud, Köln 2001, Kat.-Nr. 114, Farbabb. S. 259; „Von Sisley bis Rohlfs – Meisterwerke des Impressionismus und Neoimpressionismus", Kunsthaus Apolda Avantgarde, In Zusammenarbeit mit Wallraf-Richartz-Museum – Fondation Corboud Köln, Köln 2002, Kat.-Nr. 30, Farbabb. S. 71.
Literatur:
Fritz Metzinger: „Avant le Cubisme – Vor dem Kubismus – Before Cubism. La route d'un peintre vers le Cubisme – Der Weg eines Malers zum Kubismus – A Painter's Road To Cubism", Frankfurt a. M. 1994, Farbabb. 18 (im Bildanhang).
Abb. S. 56

Claude Monet
(Paris 1840–1926 Giverny)

Claude Monet, in Paris geboren, verbrachte seine Jugendjahre in Le Havre. Frühzeitig kam seine zeichnerische Begabung zutage. Mit 16 Jahren lernte er den Maler Eugène Boudin kennen, der ihn ermutigte, sich der Malerei zu widmen und nach Paris zu gehen. 1859 übersiedelte er nach Paris, um im Louvre unter der Anleitung von Troyon die alten Meister zu kopieren. Zugleich schloss er sich den jungen Malern der Schweizer Akademie in Paris an, unter ihnen Pissarro. 1860 wurde er zum Militärdienst nach Algerien eingezogen, konnte aber nach kurzer Zeit nach Le Havre zurückkehren, da ihn seine Eltern ‚freigekauft' hatten. Hier arbeitete er zusammen mit den Malern Boudin und Jongkind. Er kehrte aber bald nach Paris zurück und nahm Kontakte zu den Künstlern Bazille, Renoir und Sisley auf. 1863 zog er sogar zu Bazille, der ein eigenes Atelier besaß. Sie malten nun gemeinsam im Wald von Fontainebleau und in Honfleur.

In diesen Jahren wurde die Malerei Monets wesentlich von Courbet und von Manet beeinflusst. Inzwischen konnte er zwar einige Erfolge im Salon aufweisen, jedoch blieb seine finanzielle Lage weiterhin misslich. 1870 heiratete er; kurze Zeit später reiste er infolge des Krieges von 1870/71 nach England.

Nach Frankreich zurückgekehrt, stellte er 1874 gemeinsam mit seinen Malerfreunden aus; sein Gemälde mit dem Titel *Impression, Soleil levant* verlieh der Gruppe der jungen Künstler ihren Namen: ‚Impressionisten'.

Nach 1880 zog er sich allmählich vom Kreis der Impressionisten zurück und übersiedelte nach Giverny. Hier legte er im Laufe der Jahre seinen phantastischen Garten an, der ihm die Motive für sein Spätwerk bot. Die letzten Jahre seines Lebens verbrachte er in der Einsamkeit von Giverny; nur wenige Freunde besuchten ihn manchmal. R.B.

39
Maisons à Falaise, brouillard, 1885
Häuser in Falaise im Nebel
Öl auf Leinwand, 73 x 92,1 cm
Signiert unten rechts: Claude Monet
Wallraf-Richartz-Museum – Fondation Corboud, Inv.-Nr. Dep. FC 673
Provenienz:
Michel Monet, Giverny; Verst. Hôtel Rameau, Versailles, 7. Juni 1966, Lot 17; Anonym verst., Hôtel Drouot, Paris, 25. März 1984, Lot 66; Verst. Christie's, New York, Auktion 902, 1998, Lot 27.
Ausstellungen:
„Claude Monet, exposition rétrospective", Musée de l'Orangerie, Paris 1931, Kat. Nr. 79, S. 57, als *Le hameau dans la brume, Falaise près de Giverny*; „Claude Monet au temps de Giverny", Centre culturel du Marais, Paris 1983, Kat.-Nr. 9, S. 35 (Farbabb. 13); „Miracle de la couleur", hrsg. von Rainer Budde und Barbara Schaefer, Wallraf-Richartz-Museum – Fondation Corboud, Köln 2001, Kat.-Nr. 116, Farbabb. S. 265; „Miracle de la couleur: impressionisme en post-impressionisme. Fondation Corboud", Kunsthal Rotterdam 2003, Kat. S. 49 [als *Huizen te Falaise in de nevel*], Farbabb.
Abb. S. 57

Georges Daniel de Monfreid
(Paris 1856–1929 Corneilla-de-Conflent / Pyrénées-Orientales)

Georges Daniel de Monfreid war ein wohlhabender Maler, der seine Frau verlassen hatte, um sich ganz der Kunst zu widmen. Eine enge Freundschaft verband ihn seit 1887 mit Paul Gauguin, der Monfreids künstlerisches Schaffen zu unterstützen suchte, indem er ihn beispielsweise 1889 zur Beteiligung an der Ausstellung im Café Volpini einlud – gemeinsam mit Emile Bernard, C.-E. Schuffenecker u. a. Allerdings hat die enge Verbindung zu Gauguin das Schaffen Monfreids in den Schatten des großen Künstlerfreundes treten lassen – unberechtigterweise, betrachtet man dessen qualitätsvolle Werke. 1906 organisierte Monfreid im Herbstsalon die retrospektive Ausstellung von Werken Gauguins; 1929 veröffentlichte er „Noa Noa". Monfreid war gut befreundet mit Aristide Maillol.

1938 veranstaltete die Galerie Charpentier in Paris die Ausstellung „Georges Daniel de Monfreid et son ami Paul Gauguin"; zwanzig Jahre später fand im Musée Rigaud in Perpignan die Ausstellung „Paul Gauguin, G. D. de Monfreid et leurs amis" statt (1958). Eine Ausstellung widmete die Galerie Jaubert, Paris, Georges Daniel de Monfreid im Jahre 1976.

Viele Werke Monfreids sind deutlich dem Synthetismus der Schule von Pont-Aven verpflichtet; indem sie traditionelle Perspektive und gängigen Bildaufbau bisweilen vernachlässigen, weisen sie auch den Einfluss der Landschaften Cézannes auf und bezeugen darüber hinaus Monfreids großes Interesse am Exotischen und an der Kultur des Orients. B.S.

40
Les vases chinois (Fleurs), 1892
Die chinesischen Vasen (Blumen)
Öl auf Leintuch, 65,5 x 45,5 cm
Signiert u. datiert unten rechts: Daniel / Avril 92
Wallraf-Richartz-Museum – Fondation Corboud, Inv.-Nr. Dep. FC 674
Provenienz:
Mme Devèz (Ehefrau des Nachlassverwalters von Monfreid);
Galerie Von Vértes.
Ausstellungen:
Galerie Charpentier, Paris 1938, Kat.-Nr. 19, S. 12, als *Nature Morte: Vases Chinois;* „Daniel de Monfreid", Palais des Congrès, Perpignan 1998; „Miracle de la couleur", hrsg. von Rainer Budde und Barbara Schaefer, Wallraf-Richartz-Museum – Fondation Corboud, Köln 2001, Kat.-Nr. 117, Farbabb. S. 267.
Abb. S. 58

Henry Moret

(Cherbourg 1856-1913 Paris)

Nachdem er seine Kindheit in Cherbourg verbracht hatte, entdeckte Henry Moret während seines Militärdienstes die Bretagne für sich, die er – außer in den ersten Jahren seiner Ausbildung – nicht wieder verlassen sollte. Er studierte bei Jean-Léon Gérôme und Jean-Paul Laurens in Paris; 1880 hatte er einen ersten Erfolg im Salon. Bald aber gab er seine akademische Malerei zugunsten des Impressionismus auf; 25 Jahre lang erkundete der Maler dann die raue Küste des Atlantiks.

Im Jahr 1888 ließ sich Moret in Pont-Aven nieder und traf dort zum ersten Mal Paul Gauguin. Diese Begegnung, die bald zu einer engen Zusammenarbeit zwischen den beiden Malern führte, sollte Morets Stil nachhaltig beeinflussen. Motivwahl, Bildaufbau und Pinselduktus in den Gemälden Morets aus dieser Zeit weisen unverkennbar den Einfluss sowohl Gauguins als auch van Goghs auf. Mit den Künstlern von Pont-Aven stellte Moret im „Salon des Indépendants" aus. Nach wie vor im impressionistischen Stil arbeitend, übertrug Moret die neuen Theorien des Synthetismus in Kontraste der Farben, und diese suggestiven Farben gaben den Bildern einen neuen emotionalen Gehalt.

Auch nach der Abreise Gauguins in die Südsee malte Moret weiterhin in diesem modifizierten Synthetismus.

Um 1889 wandte sich Moret von der Schule von Pont-Aven ab und wiederum deutlich der impressionistischen Technik zu. Von 1895 bis zu seinem Tode stellte er seine Werke bei Durand-Ruel aus. B.S.

41
La nuit à Douelan, 1909
Nacht in Douelan
Öl auf Leinwand, 33 x 46,2 cm
Signiert u. datiert unten links: Henry Moret / 09
Wallraf-Richartz-Museum – Fondation Corboud, Inv.-Nr. Dep. FC 573
Provenienz:
Privatbesitz, Paris; Galerie Von Vértes.
Ausstellungen:
„Les lumières de l'impressionnisme. Musée du Petit Palais, Genève/La Collection Corboud", Daimaru Museum, Tokio/Art Gallery in Kushiro City Hall, Kushiro/The Museum of Art, Kintetsu/Fukuoka Art Museum, Fukuoka, 1993, Kat.-Nr. 24, S. 41 (m. Farbabb.) u. S. 81; „Miracle de la couleur", hrsg. von Rainer Budde und Barbara Schaefer, Wallraf-Richartz-Museum – Fondation Corboud, Köln 2001, Kat.-Nr. 122, Farbabb. S. 275.
Abb. S. 59

Berthe Morisot

(Bourges 1841-1895 Paris)

Berthe-Marie-Pauline Morisot, 1841 in Bourges geboren, verlebte ihre Kindheit in Limoges (1841-1848), Caen und Rennes, ehe die Eltern sich 1852 dauerhaft in Paris niederließen.[66] Dort erhielt die junge Berthe Morisot – gemeinsam mit ihrer älteren Schwester Edma – seit 1857 Kunstunterricht, zunächst bei Geoffroy-Alphonse Chocarne, dann (um 1858) bei dem aus Lyon stammenden Künstler Guichard[67], unter dessen Anleitung sie im Louvre Kopien nach den Werken der alten Meister anfertigte.[68] Hier machte sie die Bekanntschaft anderer junger Künstler wie Fantin-Latour und Bracquemond.

Ihre besondere Bewunderung galt den venezianischen Malern des 16. Jahrhunderts[69] sowie der Kunst Rousseaus, Daubignys, Millets und – insbesondere – Corots. 1860 wurde sie dessen Schülerin, nachdem Guichard – der sich eingestehen musste, dass die junge Berthe ihm entwachsen war – den Kontakt zu Corot hergestellt hatte. Begierig, vor der Natur zu arbeiten, verbrachte Morisot – dem Vorbild des Lehrers folgend – den Sommer des Jahres 1861 mit ihrer Familie in Ville d'Avray, um in der Nähe Corots zu sein; Corot war bald ein häufig gesehener Gast bei den Morisots und entlieh der jungen Berthe einige seiner Gemälde, damit diese sie kopiere.

Der Einfluss dieses Landschaftsmalers war äußerst bedeutsam für die weitere Entwicklung Morisots; Corot führte die junge Frau in seine Kunst ein und machte sie mit seiner Behandlung des Lichts und der Form vertraut, was sich in ihrem Schaffen deutlich bemerkbar machte.[70]

Im Sommer 1862 reiste Berthe mit Edma in die Pyrenäen; die beiden Schwestern erkundeten dort auf Mauleseln und zu Pferd die Landschaft und Berthe schuf einige Landschaftsbilder. 1863 wurde sie von Oudinot, einem Schüler Corots, in Le Chou – zwischen Pontoise und Auvers an den Ufern der Oise gelegen – unterrichtet; während des Sommers dort vermittelte Oudinot die Bekanntschaft mit Daubigny und Daumier.

Noch im selben Jahr sollte Morisot fast alle ihrer bis dahin entstandenen Werke zerstören und sich vorübergehend – unter Anleitung von Aimé Millet – der Bildhauerei widmen.

Die Gesellschaften ihrer Mutter wurden derweil zum Treffpunkt vieler Künstler; u. a. war Rossini dort häufig zu Gast und zeigte sich begeistert von Berthes musikalischem Talent.

1864 beteiligte sich Berthe Morisot erstmals am Pariser Salon; sie zeigte dort zwei Landschaften, die im Sommer 1863 in Le Chou entstanden waren.[71] Auch in den Jahren 1865-1867, 1870, 1871 und 1873 fanden Bilder Berthe Morisots – vornehmlich Landschaftsbilder aus der Normandie und der Bretagne – Aufnahme im Pariser Salon.[72]

Außer in Beauzeval malte sie um diese Zeit in Fécamp[73] sowie in der Umgebung von Brest, in Rosbras[74] und Douarnenez. In diesen Bildern erhob sich bereits Licht und Farbe zum eigentlichen Gegenstand der Darstellung.

1868 lernte sie durch Fantin-Latour Edouard Manet kennen, der sich von Morisots *Vue de Paris des hauteurs du Trocadéro*[75] begeistert zeigte, welches er im Jahr zuvor im Salon hatte bewundern können. Die Familien Morisot und Manet freundeten sich an, und die Morisots machten auf den Donnerstags-Zirkeln von Mme Auguste Manet u. a. die Bekanntschaft Baudelaires, Alfred Stevens, Degas' und Zolas. Berthe traf hier auch Edouard Manets Brüder Gustave und Eugène – Letzterer wurde später ihr Mann.

Fortan arbeiteten Berthe Morisot und Edouard Manet zusammen und beeinflussten sich in ihrem Schaffen gegenseitig: Unter Berthes Einfluss begann Manet, en plein-air zu malen, und seine Palette veränderte sich; in Berthes Schaffen erkennen wir eine deutliche Hinwendung zur Schilderung des modernen Alltagslebens und eine immer freiere Pinselführung. Manet schuf zahlreiche Porträts von Berthe Morisot,[76] und 1868 saß sie Modell für sein *Le balcon*[77], das 1869 im Salon ausgestellt war.

Das Kriegsjahr 1870 verbrachte Berthe in Paris; 1871 – während der Zeit der Commune – zog die Familie nach Saint-Germain. Um das Jahr 1870 entstanden erste Aquarelle, und Berthe beschäftigte sich wiederum mit der Bildhauerei. 1872 reiste sie nach Spanien, besuchte das Baskenland (Saint-Jain-de-Luz), Madrid, Toledo und El Escorial, und war beeindruckt von den Werken Goyas und Velázquez'.

Gegen den Protest Manets war Berthe Morisot – mit Monet, Pissarro, Sisley, Renoir, Degas, Cézanne und Guillaumin – an den Vorbereitungen zur ersten Ausstellung der Impressionisten beteiligt und stellte auf der Ausstellung, die am 15. April 1874 im Atelier des Photographen Nadar am Boulevard des Capucines eröffnet wurde, ihre Werke vor; fortan stellte sie nie mehr im „Salon Officiel" aus.

Im Dezember des Jahres, dessen Sommer sie in der Nähe von Maurecourt und Fécamp verbrachte, heiratete sie Eugène Manet.

Am 24. März 1875 wurden 12 Bilder Morisots – zusammen mit Werken von Monet, Renoir und Sisley – im Hôtel Drouot auf einer Auktion verkauft. Berthes Bilder erzielten die höchsten Preise, doch war die Auktion insgesamt wenig erfolgreich.

Nachdem sie das Frühjahr in Gennevilliers verbracht hatten, wo die Familie Manet Ländereien besaß, reisten Berthe und Eugène nach England und blieben dort in Ramsgate und auf der Insel Wright.[78] In London sah sie in der National Gallery die Werke Turners, Gainsboroughs und Hogarths, welche sie tief beeindruckten, und auch die Bilder Whistlers fanden ihre Bewunderung.

Morisot beteiligte sich auch an den Impressionisten-Ausstellungen der Jahre 1876, 1877, 1880-1883 und 1886. 1878 war die einzige Tochter, Julie, geboren worden, und die Folgen der schweren Geburt hatten eine Beteiligung an der Ausstellung des Jahres 1879 unmöglich gemacht; es blieb dies das einzige Mal, dass Berthe Morisot nicht bei den Impressionisten vertreten war.

Vielleicht hatte Renoirs Praktik um die Mitte der 1870er Jahre den Impuls gegeben, der Morisot antrieb, in diesen Jahren ihre impressionistische Malerei zu beeindruckender Großartigkeit zu führen. Nach 1877 wurden ihre Werke in der Art ihrer Ausführung überzeugender und lockerer und in ihrer Wirkung stärker, wovon auch das um 1879/80 entstandene *Bateaux sur la Seine* zeugt; die Kompositionen besitzen nun eine größere Kühnheit als die mehr experimentellen Arbeiten aus der ersten Hälfte des Dezenniums.

Sowohl in *Bateaux sur la Seine* und *Le port de Nice* als auch in *Enfant dans les roses trémières* setzt Morisot die einzelnen Elemente der Komposition gleichmäßig und verteilt sie so über das Bild, dass der Betrachter ermuntert wird, seinen Blick von einem Punkt zum anderen gleiten zu lassen. Dabei gewahrt man, dass jeder Fleck der Leinwand von kurzen, lebhaften Pinselstrichen bedeckt ist, welche die Formen auf die denkbar sparsamste Art umreißen.

1881 verbrachte Berthe erstmals den Sommer in Bougival, einem pittoresken Flecken an der Seine, wo sie mit der Familie ein kleines Landhaus in der Rue de la Princesse anmietete. Bougival liegt nicht weit von Versailles entfernt, wo Edouard Manet im selben Jahr seine Ferien verlebte. In Bougival ermunterte Berthe das Kindermädchen Pasie, die Tochter Julie und auch Eugène, ihr Modell zu sitzen, und startete eine kleine Serie von Gartenbildern, zu denen auch *Enfant dans les roses trémières* gehört.[79]

Im April 1883 starb Edouard Manet. Der Tod des Schwagers traf Berthe Morisot schwer, und sie schrieb ihrer Schwester Edma, dass für sie nun die gesamte Vergangenheit aus Jugend und Arbeit plötzlich ende.[80] Zu Anfang des Jahres 1884 organisierte Berthe eine Ausstellung zum Schaffen Manets; auf der sich anschließenden Versteigerung der Werke bei Drouot erwarb Morisot mehrere Gemälde des Malers.

Zu den engen Freunden der Künstlerin in diesen Jahren zählten Renoir, Degas, Monet, Caillebotte, Puvis de Chavannes, Fantin-Latour, Cassatt, Whistler, der Dichter Mallarmé und Théodore Duret.

1885 sah sie auf einer Reise nach Belgien[81] und Holland Werke von Rubens, Boucher und Reynolds; von der Kunst Frans Hals' zeigte sie sich enttäuscht.

1886 wurden Berthe Morisots Bilder bei Durand-Ruel in New York und bei Georges Petit in Paris ausgestellt; wieder malte sie im Louvre und kopierte dort Bouchers *Venus in der Schmiede des Vulkan*.[82] Den Sommer verbrachte sie auf der Insel Jersey.[83]

1887 stellte sie wiederum bei Georges Petit aus – mit Sisley, Renoir, Monet, Pissarro, Whistler, Raffaelli und anderen. Im

Sommer suchte sie Mallarmé in dessen Landhaus in Les Plâtreries auf, besuchte Sarthe, Touraine und die Schlösser an der Loire.

1888/89 führte der Wunsch, die Vegetation des Südens zu malen, Morisot nach Südfrankreich, sie mietete eine Villa in Cimiez an der französischen Riviera (in der Nähe von Nizza),[84] wo sie den Winter verbrachte. Erst im Frühjahr 1889 kehrte sie nach Paris zurück, wo die „Exposition Universelle" ihre ganze Aufmerksamkeit fand; häufige Besuche führten sie in die retrospektive Ausstellung mit Werken Manets, die dort gezeigt wurde.

1890 zogen Eugène Manet und Berthe Morisot nach Mézy[85], außerhalb von Paris, wo Renoir sie häufig besuchte; die beiden Künstler malten dort gemeinsam – oft nach denselben Modellen. Gemeinsam mit Mallarmé besuchte das Ehepaar Morisot-Manet im selben Jahr Monet in Giverny. Berthe begann eine Serie von Zeichnungen der Tochter Julie und arbeitete nunmehr immer häufiger mit farbiger Kreide; sie versuchte sich in der Kunst des Farbdrucks, doch blieben die Versuche ohne ein für sie zufrieden stellendes Ergebnis.

Gegen Ende des Jahres erkrankte die Malerin schwer. Sowohl sie als auch ihr Mann waren bereits seit mehreren Jahren von schwacher Gesundheit, und im April 1892 – kurze Zeit nachdem die Eheleute in Mesnil, zwischen Meulon und Mantes, ein Schloss aus dem 17. Jahrhundert erworben hatten – starb Eugène.

Wenig später eröffnete in Paris Berthes erste Einzelausstellung bei Joyant (Boussod & Valadon); sie selbst war bei der Eröffnung nicht anwesend.

Im folgenden Herbst reiste Berthe mit Julie nach Touraine; im Museum von Tours fertigte sie Kopien nach Boucher und Mantegna. Noch im selben Jahr zog sie wieder nach Paris; weiterhin pflegte sie den Kontakt zu Mallarmé, zu Sisley, den sie 1893 in Moret besuchte, und zu Monet.

1894 wurde erstmals ein Gemälde von Berthe Morisot von einem Museum (aus der Sammlung Druet) angekauft: *Jeune femme au bal*[86], welches 1880 auf der fünften Impressionisten-Ausstellung gezeigt worden war; es war Mallarmé gewesen, der diesen Ankauf betrieben hatte.

Im März 1894 besuchte Berthe Morisot Brüssel, wo einige ihrer Bilder ausgestellt waren, und im August mietete sie ein Haus in der Bretagne an, nicht weit entfernt von dem Fischerhafen Portrieux. Gegen Ende des Jahres schuf Renoir ein Porträt von Berthe und ihrer Tochter Julie und machte es der Künstlerin zum Geschenk.[87] Wenig später, im März 1895, starb Berthe Morisot an einer Lungenentzündung; als Vormund für Julie hatte sie in ihrem Testament Auguste Renoir eingesetzt. B. S.

42
Bateaux sur la Seine, um 1879/80
Boote auf der Seine
Öl auf Leinwand, 25,5 x 50 cm
Signiert unten rechts: Berthe Morisot
Wallraf-Richartz-Museum – Fondation Corboud, Inv.-Nr. Dep. FC 615
Provenienz:
Mary Cassatt, Philadelphia; A. J. Cassatt, Philadelphia; Elsie Cassatt Stewart;

Doris Stewart Wear, Philadelphia; Verst. London, 26. Juni 1984, Lot 10; Verst. New York, 15. Mai 1986, Lot 253; JPL Fine Arts, London; Galerie Hopkins-Thomas, Paris; S. Taylor, Dallas/Texas; Galerie Hopkins-Thomas, Paris (bis 1995).
Ausstellungen:
Pennsylvania Academy of the Fine Arts, Philadelphia 1921; „Les Impressionistes autour de Paris. Tableau de banlieue avec peintres", Chateau d'Auvers, Auvers-sur-Oise 1993, Kat. S. 72f. (m. Farbabb.); „Impressionists on the Seine: A Celebration of Renoir's ‚Luncheon of the Boating Party'", The Phillips Collection, Washington 1996/97, S. 257 (o. Kat.-Nr.), Farbtaf. Nr. 51, als *Boats on the Seine*; „Monet, Renoir et les Impressionistes", Tobu Museum of Art, Tokio/Hokkaido Obihiro Museum of Art, Obihiro/The Okayama Prefectural Museum of Art, Okayama/Nara Prefectural Museum of Art, Nara, 1998, Kat.-Nr. 24, S. 66f. (m. Farbabb.) u. S. 151; „Miracle de la couleur", hrsg. von Rainer Budde und Barbara Schaefer, Wallraf-Richartz-Museum – Fondation Corboud, Köln 2001, Kat.-Nr. 123, Farbabb. S. 281; „Miracle de la couleur: impressionisme en post-impressionisme. Fondation Corboud", Kunsthal Rotterdam 2003, Kat. S. 46 [als *Boten op de Seine*], Farbabb.
Literatur:
J.-J. Lévêque: „Les Années Impressionnistes", Paris 1990, S. 406 (m. Farbabb.); „Impression: Painting quickly in France, 1860-1890", Ausst.-Kat. Van Gogh Museum, Amsterdam/Sterling and Francine Clark Art Institute, Williamstown (Massachusetts), 2001, Nr. 119 (m. Farbabb.).
Abb. S. 60

43
Enfant dans les roses trémières, 1881
Kind zwischen Stockrosen
Öl auf Leinwand, 50,5 x 42,5 cm
Signiert unten rechts: Berthe Morisot
Rückseitig beschriftet auf dem Mittelsteg des Keilrahmens: 96 B Morisot / (en)fant au gardin
Wallraf-Richartz-Museum – Fondation Corboud, Inv.-Nr. Dep. FC 614
Provenienz:
Collection Portier, Paris; Galerie Durand-Ruel, Paris; Georges Durand-Ruel, Paris; Harris Whittemore, Naugatuck/Connecticut; Gertrude Whittemore Upson, Middlebury/Vermont; Verst. New York, 10. Mai 1989, Lot 28; JPL Fine Arts, London; Galerie Hopkins-Thomas, Paris.
Ausstellungen:
„Septième Exposition des Impressionnistes", Paris 1882, Nr. 94 [als *Petit Fille dans le jardin de Bougival*]; „Berthe Morisot", Galerie Bernheim-Jeune, Paris 1919, Nr. 15; The Tuttle House, Naugatuck 1938, Nr. 26; „Monet, Renoir et les Impressionnistes", Tobu Museum of Art, Tokio/Hokkaido Obihiro Museum of Art, Obihiro/The Okayama Prefectural Museum of Art, Okayama/Nara Prefectural Museum of Art, Nara, 1998, Kat.-Nr. 25, S. 68f. (m. Farbabb.) u. S. 151; „Impression: Painting quickly in France, 1860-1890", Van Gogh Museum, Amsterdam/Sterling and Francine Clark Art Institute, Williamstown (Massachusetts), 2001, Kat.-Nr. 120 (m. Farbabb.), als *Child among the Hollyhocks*; „Miracle de la couleur", hrsg. von Rainer Budde und Barbara Schaefer, Wallraf-Richartz-Museum – Fondation Corboud, Köln 2001, Kat.-Nr. 124, Farbabb. S. 283.
Literatur:
Louis Rouart: „Berthe Morisot", Paris 1941, Abb. S. 22; M.-L. Bataille/Georges

Wildenstein: „Berthe Morisot. Catalogue des Peintures, Pastels et Aquarelles", Paris 1961, Nr. 107, S. 30, Abb. 139 (im Abbildungsteil); J.-J. Lévêque: „Les Années Impressionnistes", Paris 1990, S. 423 (m. Farbabb.).
Abb. S. 61

Francis Picabia
(Paris 1879–1953 Paris)

Francis Picabia (eigentlich F. Martinez de Picabia) hatte französisch-kubanisch-spanische Eltern. Er begann zunächst impressionistisch zu malen, wandte sich dann aber dem Kubismus zu; 1903 stellte er im „Salon des Indépendants" aus, 1911 in der „Section d'Or" mit den Kubisten. 1914-1916 in New York, Kontakte zu Marcel Duchamp.

Nach seiner dadaistischen Phase (ca. 1914-1920) wechselte er zum Surrealismus. 1925 suchte er Anschluss an die gegenständliche Kunst, nach 1945 widmete er sich der informellen Malerei. Picabia war darüber hinaus dichterisch tätig. P.D.

44
Effet d'automne, soleil du matin, um 1898
Morgensonne im Herbst
Öl auf Leinwand, 62,5 x 91,5 cm
Signiert unten links: Picabia.
Wallraf-Richartz-Museum – Fondation Corboud, Inv.-Nr. Dep. FC 677
Provenienz:
Galerie Salis & Vértes.
Ausstellungen:
„Exposition de Tableaux par F. Picabia", Galeries Georges Petit, Paris 1909, Kat.-Nr. 8 (m. Abb.); „Pointillismus – Auf den Spuren von Georges Seurat/Pointillisme – Sur les traces de Seurat", Wallraf-Richartz-Museum, Köln/Fondation de l'Hermitage, Lausanne, 1997/98, Kat.-Nr. 103, S. 253 (Farbabb. im Katalogteil); „Miracle de la couleur", hrsg. von Rainer Budde und Barbara Schaefer, Wallraf-Richartz-Museum – Fondation Corboud, Köln 2001, Kat.-Nr. 131, Farbabb. S. 297; „Miracle de la couleur: impressionisme en post-impressionisme. Fondation Corboud", Kunsthal Rotterdam 2003, Kat. S. 121 [als *Ochtendzon in de herfst*], Farbabb.
Abb. S. 62

45
Le port de Saint-Tropez, effet de soleil, 1909
Der Hafen von Saint-Tropez
Öl auf Leinwand, 90,2 x 116,2 cm
Signiert u. datiert oben links: Picabia 1909
Wallraf-Richartz-Museum – Fondation Corboud, Inv.-Nr. Dep. FC 728
Provenienz:
Verst. Champin – Lombrail – Gautier, Paris, 27. März 1990, Lot 2; Verst. Sotheby's, New York, 11. Mai 2000, Lot 164; Galerie Salis & Vértes.
Ausstellungen:
„Francis Picabia", Galerie Georges Petit, Paris 1909, Nr. 5 ; „Miracle de la couleur", hrsg. von Rainer Budde und Barbara Schaefer, Wallraf-Richartz-Museum – Fondation Corboud, Köln 2001, Kat.-Nr. 132, Farbabb. S. 299;

„Miracle de la couleur: impressionisme en post-impressionisme. Fondation Corboud", Kunsthal Rotterdam 2003, Kat. S. 115 [als *De haven van Saint-Tropez*], Farbabb.; „Von Sisley bis Rohlfs – Meisterwerke des Impressionismus und Neoimpressionismus", Kunsthaus Apolda Avantgarde, In Zusammenarbeit mit Wallraf-Richartz-Museum – Fondation Corboud Köln, Köln 2002, Kat.-Nr. 33, Farbabb. S. 77.
Abb. S. 63

Camille Pissarro
(St. Thomas/Kleine Antillen 1830–1903 Paris)

Seinen ersten Zeichenunterricht erhielt Pissarro durch den dänischen Maler Fritz Melby (1826-1896), mit dem er 1852-1854 Venezuela bereiste und in Caracas ein Studio unterhielt. Aus dieser Zeit datieren zahlreiche Zeichnungen, Aquarelle sowie zwei datierte Gemälde.

1855 ließ er sich in Paris nieder und malte zunächst unter dem Einfluss von Camille Corot vor allem Landschaften.

Seit 1859 Freundschaft mit Claude Monet. Er entwickelte sich zu einem der bedeutendsten Maler des Impressionismus und nahm 1874 an der ersten Impressionisten-Ausstellung teil. Sowohl Cézanne als auch Gauguin erhielten durch Pissarro bedeutende künstlerische Impulse. Angeregt durch Seurat und Signac malte er seit 1885 pointillistisch, kehrte jedoch nach fünf Jahren erneut zur hellen impressionistischen Malweise zurück.

Sein Schaffen umfasst Landschaften, einige Stillleben, Porträts, seit 1890 zudem Großstadtszenen. Er hinterließ auch ein umfangreiches graphisches Œuvre von Radierungen, Lithographien und Zeichnungen. P.D.

46
Ferme à Bazincourt, 1884
Bauernhof in Bazincourt
Öl auf Leinwand, 54 x 65 cm
Monogrammstempel unten links: C.P.
Wallraf-Richartz-Museum – Fondation Corboud, Inv.-Nr. Dep. FC 693
Provenienz:
Marlborough Fine Arts, London; Verst. Sotheby's, London, 5. Dezember 1973, Lot 27; Privatsammlung, Kyoto; Privatsammlung, London/New York; Verst. Sotheby's, New York, 7. Dezember 1998, Lot 13; Privatsammlung, Schweiz.
Ausstellung:
„Miracle de la couleur", hrsg. von Rainer Budde und Barbara Schaefer, Wallraf-Richartz-Museum – Fondation Corboud, Köln 2001, Kat.-Nr. 134, Farbabb. S. 303.
Literatur:
„Le Plaisir de Vivre", Paris 1927 (m. Abb.); L. Rodo Pissarro/L. Venturi: „Camille Pissarro – son art, son œuvre", Paris 1939, Nr. 645 (m. Abb.).
Abb. S. 64

Lucien Pissarro
(Paris 1863–1944 Hewood)

Sein Vater Camille war sein erster wichtiger Lehrer. Verschiedene Frühwerke von Lucien zeigen den neoimpressionistischen Stil. Ausstellung im „Salon des Indépendants" in Paris, ebenso bei den ‚Vingt' in Brüssel.

1890 ließ er sich in England nieder. Seine Kunst zeigt einen präzisen Zeichenstil und subtile Farbgebung. Seine umfangreiche Kenntnis des Impressionismus und des Neoimpressionismus wirkte sich Einfluss bildend auf die englische Malerei aus. Regelmäßige Reisen nach Südfrankreich.

Überdies war er auch als Designer und Illustrator für englische und französische Zeitschriften tätig und wurde seinerseits durch die Werke der englischen Präraffaeliten beeinflusst. 1894 gründete er einen Buchverlag in der künstlerischen Tradition von William Morris.   P.D.

47
Brittany Cottages, Riec, 1910
Bauernhäuser in der Bretagne, Riec
Öl auf Leinwand, 45,5 x 52 cm
Atelierstempel u. Datierung unten rechts
Wallraf-Richartz-Museum – Fondation Corboud, Inv.-Nr. Dep. FC 702
Provenienz:
The Brook, 1949; David Findlay Galleries, 1966; T. Hobson; Galerie Salis & Vértes.
Ausstellungen:
„Lucien Pissarro", Leicester Galleries, London 1963, Nr. 7; „Lucien Pissarro", David B. Findlay Galleries, New York 1966, Nr. 3; „Miracle de la couleur", hrsg. von Rainer Budde und Barbara Schaefer, Wallraf-Richartz-Museum – Fondation Corboud, Köln 2001, Kat.-Nr. 135, Farbabb. S. 305.
Literatur:
Anne Thorold: „A Catalogue of the Oil Paintings of Lucien Pissarro", London 1983, Nr. 136, S. 88f. (m. Abb.).
Abb. S. 65

Léon Pourtau
(Bordeaux 1868–1898)

Über das kurze Leben des Künstlers gibt es nur spärliche Hinweise. Er ging nach Paris, wo er die Malerei bei Georges Seurat erlernte und im pointillistischen Stil malte. Es existieren mehrere Landschaften aus der Umgebung von Lyon.

Pourtau wollte Chansons illustrieren, so lernte er im Pariser Konzert-Café die Musiker der ‚Garde Républicaine – Les Concerts Lamoureux' kennen, machte eine Konzertreise durch Frankreich und trat ins Konservatorium ein (wo er den 1. Preis als Klarinettist erhielt). Gleichzeitig belegte er Kurse an der École des Beaux-Arts.

Im Grande Théâtre in Lyon wurde er Solist im Orchester. Um seinen Traum zu verwirklichen, sich nur der Malerei widmen zu können, nahm er Konzert-Angebote in Philadelphia an. Seine

Rückreise endete für ihn mit einem Schiffbruch im Atlantik tödlich. Pourtau hatte noch nie in Frankreich ausgestellt.   P.D.

48
Vallée au printemps, 1893
Tal im Frühling
Öl auf Leinwand, 73 x 93 cm
Monogrammiert u. datiert unten rechts: LP 93
Wallraf-Richartz-Museum – Fondation Corboud, Inv.-Nr. Dep. FC 679
Provenienz:
Verst. Tajan, Hôtel Georges V, Paris, 9. Juli 1998, Lot 131.
Ausstellung:
„Miracle de la couleur", hrsg. von Rainer Budde und Barbara Schaefer, Wallraf-Richartz-Museum – Fondation Corboud, Köln 2001, Kat.-Nr. 136, Farbabb. S. 307.
Abb. S. 66

Fernand Loyen du Puigaudeau
(Nantes 1864–1930 Croisic/Bretagne)

Fernand Loyen du Puigaudeau war als Maler Autodidakt; er malte im impressionistischen Stil. Ende der 1870er Jahre unternahm er Reisen nach Rom, Venedig und Florenz. Nach seiner Rückkehr arbeitete er 1880 in Pont-Aven, wo er mit Gauguin zusammentraf, überdies war er mit Degas, Monet und Renoir bekannt. Es folgten weitere Reisen nach Afrika, Deutschland und in die Schweiz. Im Anschluss an eine Reise nach Schweden kehrte er in die Bretagne zurück. Danach verlieren sich die Spuren des Malers.   P.D.

49
Coucher du soleil au Croisic, paysage de Bretagne, 1895
Sonnenuntergang bei Croisic, bretonische Landschaft
Öl auf Leinwand, 65 x 81 cm
Signiert unten rechts: F. du Puigaudeau
Wallraf-Richartz-Museum – Fondation Corboud, Inv.-Nr. Dep. FC 616
Provenienz:
Galerie Le Paul, Paris.
Ausstellungen:
„Les lumières de l'impressionnisme. Musée du Petit Palais, Genève/La Collection Corboud", Daimaru Museum, Tokio/Art Gallery in Kushiro City Hall, Kushiro/The Museum of Art, Kintetsu/Fukuoka Art Museum, Fukuoka, 1993, Kat.-Nr. 42, S. 59 (m. Farbabb.) u. S. 82; „Miracle de la couleur", hrsg. von Rainer Budde und Barbara Schaefer, Wallraf-Richartz-Museum – Fondation Corboud, Köln 2001, Kat.-Nr. 138, Farbabb. S. 311.
Abb. S. 67

50
Les pommiers en fleurs, um 1900
Blühende Apfelbäume
Öl auf Leinwand, 60 x 73 cm
Signiert unten rechts: F. du Puigaudeau
Wallraf-Richartz-Museum – Fondation Corboud, Inv.-Nr. Dep. FC 789

Provenienz:

Galerie Le Paul, Paris.

Ausstellungen:

„Pointillismus – Auf den Spuren von Georges Seurat", Wallraf-Richartz-
Museum, Köln 1997, Kat.-Nr. 117, S. 254 (Farbabb. im Katalogteil);
„Miracle de la couleur", hrsg. von Rainer Budde und Barbara Schaefer,
Wallraf-Richartz-Museum – Fondation Corboud, Köln 2001, Kat.-Nr. 139,
Farbabb. S. 312.

Literatur:

„Pointillisme – sur les traces de Seurat", Ausst.-Kat. Fondation de l'Hermitage, Lausanne 1998, Nr. 117, S. 254 (Farbabb. im Katalogteil).

Abb. S. 68

51

La Place Saint-Marc à Venise, la nuit, o. J.
Der Markusplatz in Venedig bei Nacht
Öl auf Leinwand, 63,8 x 79,4 cm
Signiert unten links: F. du Puigaudeau
Wallraf-Richartz-Museum – Fondation Corboud, Inv.-Nr. Dep. FC 713

Provenienz:

Jacques Fouquet, Paris (bis 1972); Mr. and Mrs. Arthur G. Altschul, New York;
Galerie Hopkins – Thomas – Custot, Paris.

Ausstellung:

„Miracle de la couleur", hrsg. von Rainer Budde und Barbara Schaefer,
Wallraf-Richartz-Museum – Fondation Corboud, Köln 2001, Kat.-Nr. 140,
Farbabb. S. 313.

Abb. S. 69

Auguste Renoir

(Limoges 1841-1919 Cagnes)

Auguste Renoir wurde 1841 in Limoges geboren, von wo die Familie
um die Mitte der 1840er Jahre nach Paris zog; hier wuchs Auguste
auf. Die schlechten finanziellen Verhältnisse der Familie Renoir
zwangen den jungen Auguste schon früh, zum Lebensunterhalt der
Familie beizutragen; 1854 arbeitete er für einen Porzellanmaler. In
diesen Jahren zeichnete Renoir unter Anleitung des Bildhauers
Caillouette, und 1860 erhielt er die Erlaubnis, im Louvre zu kopieren, was er in den nächsten vier Jahren tat. Seit 1860/61 erhielt
Renoir Unterricht im Atelier von Charles Gleyre. 1862 wurde er an
der École des Beaux-Arts aufgenommen. Hier freundete sich Renoir
mit Monet, Bazille und Sisley an, was sich für die weitere Entwicklung seines Schaffens als bedeutungsvoll erweisen sollte. Zusammen
mit diesen drei Künstlern widmete Renoir sich 1862-1864, vor allem
im Wald von Fontainebleau, der Freiluftmalerei. 1864 stellte er
erstmals im Pariser Salon aus – ein Gemälde, welches er später
zerstören sollte. Auch 1865 beteiligte er sich mit zwei Bildern am
Salon. Im selben Jahr machte Renoir durch seinen Freund Jules Le
Cœur die Bekanntschaft Lise Tréhots, die ihm Geliebte und Modell
wurde. Renoir malte zu dieser Zeit in den dunklen, gedeckten
Farben der Romantiker (Diaz) und Courbets.

1867 und 1868 teilten sich Renoir und Bazille zwei Ateliers in
Paris. Im Gegensatz zu Bazille, dessen Eltern für ihren Sohn
finanziell aufkamen, fristeten sowohl Monet als auch Renoir ein
armes Dasein und mussten häufig ihre Freunde um Unterstützung
ersuchen. Im Sommer 1869 hielt sich Renoir in Voisins-Louvecien-
nes auf, wohin seine Eltern verzogen waren; hier besuchte er oft
Monet und unternahm mit ihm Exkursionen in die nähere Umgebung, auch nach La Grenouillère. Unter dem Einfluss Monets
entstanden um 1868 die ersten impressionistischen Bilder Renoirs.

Während des preußisch-französischen Krieges blieb Renoir
in Frankreich und diente im 10. Kavallerie-Regiment. Während er
sowohl 1868, 1869 als auch 1870 erfolgreich Gemälde im Salon
präsentierte, wurden sein Bilder in den darauf folgenden beiden
Jahren zurückgewiesen; als Reaktion hierauf animierte der Maler
viele seiner Künstlerkollegen zur Teilnahme am „Salon des Refusés" von 1873.

Das Problem der Farbe führte Renoir um diese Zeit zur
Auseinandersetzung mit der Kunst Delacroix'; daneben verarbei-
tete er in seinem Schaffen die Errungenschaften Monets, der Licht
und Farbe im Freien studierte, und Manets, dessen Darstellungen
zeitgenössischen Lebens Renoir interessierten. Die Synthese dieser
Einflüsse kommt in einem Werk wie Renoirs *Moulin de la Galette*
deutlich zum Ausdruck. In dieser Periode malte Renoir nun schon
ganz im impressionistischen Stil mit der Leichtigkeit der impressionistischen Palette. Während des Sommers besuchte Renoir
Monet in Argenteuil, und die beiden Künstler malten oft zusammen. Im folgenden Jahr wurde im ehemaligen Atelier des Photographen Nadar die erste Impressionisten-Ausstellung abgehalten;
Renoir war mit drei Werken vertreten – allesamt Figurenbilder, in
denen der Maler eine große Ausgewogenheit zwischen zartem
Pinselstrich und Festigkeit der Form erreicht hatte. Auch auf den
beiden nächsten Impressionisten-Ausstellungen war Renoir
vertreten, dann beteiligte er sich erst wieder an der siebten Ausstellung im Jahre 1882. Anders als Monet, Sisley und Pissarro
wohnte Renoir weiterhin in Paris und unternahm gelegentlich
Reisen nach Argenteuil und Gennevilliers. Häufig war Renoir
auch in Chatou, wo er sich im August/September 1880 zwei
Monate aufhielt und *Le déjeuner des canotiers* malte. In diesem
Bild kündigt sich bereits Renoirs künstlerische Entwicklung an,
die Formen in seinen Bildern zu vergrößern; diese Tendenz, die in
dem Bild *Baigneuse blonde* (1881) noch stärker als in der Darstellung der Ruderer zum Ausdruck kommt, sollte 1885 in den
Grandes baigneuses münden. Fortan sind Renoirs Figurenbilder
aus kräftigen Formen aufgebaut, die durch eine geschlossene
Kontur umschrieben werden.

Zu dieser Zeit feierte Renoir erste Erfolge mit seinen Bildern; bereits 1875 war er von Victor Choquet unter Vertrag
genommen worden, in den späten 1870er Jahren von Georges
Charpentier und Paul Bérard.

Nachdem er eine gewisse finanzielle Sicherheit erlangt hatte,
begann Renoir zu reisen; er besuchte Venedig, Padua, Florenz,
Neapel und Algerien und reiste 1883 wieder nach Italien (mit
Monet). Auf der Rückreise nach Frankreich besuchte er Cézanne
in Aix-en-Provence, wohin er auch 1888, 1889 und 1891 wieder

kam, und wo er jeweils Landschaften und auch einige Stillleben malte, die deutlich von Cézanne beeinflusst sind.

1908 zog Renoir nach Cagnes; seit 1912 waren seine Beine gelähmt. In Cagnes verbrachte er den Rest seines Lebens und starb dort 1919 im Alter von 78 Jahren. B.S.

52
Jean Renoir, cousant, 1898
Jean Renoir nähend
Öl auf Leinwand, 55 x 46 cm
Signiert unten links: Renoir.
Wallraf-Richartz-Museum – Fondation Corboud, Inv.-Nr. Dep. FC 680
Provenienz:
M. Pierre Renoir (bis 1927); Galleries Durand-Ruel (vor 1938); Privatsammlung, USA; Galerie Hopkins-Thomas, Paris.
Ausstellungen:
Galerie Bernheim-Jeune, Paris 1907; „Cinquante Renoir choisis parmi Les Nus – Les Fleurs – Les Enfants", Galerie Bernheim-Jeune, Paris 1927, Kat.-Nr. 7, S. 13; „Renoir", Galerie Alfred Flechtheim, Berlin 1928, Kat.-Nr. 47, S. 14; „Monet, Renoir et les Impressionnistes", Tobu Museum of Art, Tokio/Hokkaido Obihiro Museum of Art, Obihiro/The Okayama Prefectural Museum of Art, Okayama/Nara Prefectural Museum of Art, Nara, 1998, Kat.-Nr. 12, S. 42f. (m. Farbabb.) u. S. 148; „Miracle de la couleur", hrsg. von Rainer Budde und Barbara Schaefer, Wallraf-Richartz-Museum – Fondation Corboud, Köln 2001, Kat.-Nr. 142, Farbabb. S. 319.
Literatur:
Ambroise Vollard: „Tableaux, Pastels & Dessins de Pierre-Auguste Renoir", Bd. 1, Paris 1918, Nr. 359, S. 90 (m. Abb.); Galerie Bernheim-Jeune (Hrsg.): „L'Atelier de Renoir" (mit einem Vorwort von M. A. André), Bd. 1, Paris 1931, Nr. 190, Taf. 62; Claude Roger-Marx: „Renoir" (= Anciens et Modernes), Paris 1937, S. 157 (m. Abb.), datiert „um 1904"; Michel Florisoone: „Renoir", Paris 1938, Nr. 69, S. 165 (Abb. 69 im Tafelteil), datiert „um 1904"'; „Renoir" [in japanischer Sprache] (= 25 Great Masters of Modern Art, Bd. 9), o. O., 1979, Nr. 62, S. 125 (m. Abb. u. Farbabb. im Tafelteil); Jean Renoir: „Mein Vater Auguste Renoir" (aus dem Französischen von Sigrid Stahlmann), Zürich 1981 (1. Aufl. München 1962), S. 351f. (*„Als ich noch ganz klein war, drei, vier, fünf Jahre, bestimmte er die Pose nicht selbst, sonder nutzte eine Beschäftigung aus, von der er hoffte, dass ich dabei möglichst lange ruhig blieb. [...] Ich erinnere mich noch in allen Einzelheiten an die Entstehung eines Bildes, auf dem ich gerade nähe."*); Messrs. Bernheim-Jeune (Hrsg.), „Renoir's Atelier. L' Atelier de Renoir" (mit einem Vorwort von A. André/Marc Elder), San Francisco 1989, Nr. 190, Taf. 62; Jean Renoir: „Renoir, my father" (aus dem Französischen von Randolph und Dorothy Weaver), in „Reader's Digest. Great Biographies", o. O., 1989, S. 263-422 (s. S. 394).
Abb. S. 71

Claude-Emile Schuffenecker
(Fresne Saint-Mamès 1851–1934 Paris)

Claude-Emile Schuffenecker wurde 1851 in Fresne Saint-Mamès (Departement Haute-Saône) geboren; die Familie stammte ursprünglich aus dem Elsass. Als Emiles Vater 1854 im Alter von nur 25 Jahren starb, ließ die Mutter sich als Waschfrau in Meudon nieder; Geburt des Bruders Amédée. Emile wuchs bei dem Ehepaar Cornu in Paris auf; Anne Fauconnet Cornu, die Schwester von Emiles Mutter, und ihr Mann Pierre führten dort eine kleine Schokoladenfabrik und eine Kaffee-Rösterei.

Während er seinen Zieheltern im Geschäft zur Hand ging, erwachte langsam Emiles Interesse an der Kunst; 1863 entstanden die ersten Skizzen – Porträts und Straßenszenen. Emile besuchte in Paris eine Konfessionsschule, wo er u. a. in der Kunst der Architektur-Dekoration unterrichtet wurde; als Schüler von Père Athanase gewann er 1869 den 1. Preis der ‚Union Central des Beaux-Arts Appliqués à l'Industrie'.

Als Sohn einer Witwe war Emile vom Dienst im preußisch-französischen Krieg befreit. Anfang des Jahres 1872 nahm er eine Stelle als Buchhalter bei Bertin an, wo er Paul Gauguin kennen lernte, der bereits seit 1871 dort beschäftigt war. Die beiden jungen Männer freundeten sich an, und 1873 war Emile Gauguins Trauzeuge, als dieser Mette Gad heiratete; der erstgeborene Sohn Gauguins wurde nach seinem Taufpaten Emile genannt.

1877 beteiligte Emile sich erstmals am Pariser Salon; er reichte eine Architekturdekoration – für die Decke einer Bibliothek entworfen – ein.[88] 1880 heiratete er seine Cousine Louise; im selben Jahr begann er, Werke seiner Künstlerkollegen zu sammeln, und kündigte seine Stellung bei Bertin, um sich fortan ausschließlich der Kunst zu widmen. Im darauf folgenden Jahr – in welchem er gemeinsam mit Carolus-Duran malte – war Emile wiederum im Salon vertreten.

1882, im Jahr des Börsenkrachs und der Rezession, erhielt er eine Anstellung als Lehrer in Paris; sein Gemälde *Le Premier Meurtre*[89] wurde im Salon abgewiesen, ebenso im Jahr darauf sein *La Femme en rose*[90]. Emile besuchte in dieser Zeit Kurse an der Académie Colarossi, wo er die Bekanntschaft von Louis Brouillon machte.[91]

1884 gehörte Claude-Emile Schuffenecker zu den Gründungsmitgliedern der Indépendants; von George Seurats *Une baignade, Asnières*[92], welches dieser im selben Jahr auf der ersten Ausstellung der Gruppe zeigte, war Schuffenecker zutiefst beeindruckt. Um diese Zeit nahm er eine Stellung als Zeichenlehrer am Lycée Michelet in Vanves an; 20 Jahre lang sollte er diese Tätigkeit ausüben.

Nach Jeanne Joséphine (geb. 1881) bekam das Ehepaar Schuffenecker im Dezember 1884 ein zweites Kind, Paul Gabriel, dessen Taufpate Gauguin war. Dieser nahm – als er im November 1890 aus Pont-Aven nach Paris zurückkehrte – Quartier bei der Familie Schuffenecker; allerdings kam es bereits im Februar 1891 zu einer Auseinandersetzung zwischen den beiden Künstlern, und Gauguin verließ seinen Gastgeber. Im Juni des Jahres erschien eine Schuffenecker gewidmete Ausgabe von „Les Hommes d'aujourdhui",[93] zu welcher der Schweizer Kunstkritiker Richard Ranft den Text verfasste, die Illustration für das Titelblatt schuf Emile Bernard. Mit Bernard zusammen arbeitete Schuffenecker für die Esoterikzeitschrift „Le Cœur", die herausgegeben wurde von Graf Antoine de La Rochefoucauld, mit dem sich Schuffenecker um 1892 anfreundete. 1893 trat Schuffenecker der theosophischen Bewegung bei.[94]

Im folgenden Jahr, 1894, ersuchte Schuffenecker in einem Schreiben an Johanna van Gogh Bonger, die Schwägerin Vincent van Goghs, um die Möglichkeit, Bilder des 1890 Verstorbenen erwerben zu können; Johanna, die um die große Bewunderung Emiles für van Gogh wusste, willigte ein, ihm zwei oder drei Gemälde zu geben.[95] Im Juli desselben Jahres erschien in „Le Cœur" La Rochefoucaulds bedeutender Aufsatz über Schuffenecker.[96]

Zu dessen Lebzeiten fand nur eine Einzelausstellung zu seinem Werk statt, und zwar im Februar 1896 in Paris in der ‚Librairie de l'art Indépendants' von Edmond Bailly; der Ausstellung war nur mäßiger Erfolg beschieden und das Desinteresse des Publikums enttäuschte Emile zutiefst. Hiervon zeugt sein Brief an Gauguin [der erste nachweisliche Kontakt zwischen den beiden Künstlern seit ihrem Zerwürfnis im Februar 1891, Anm. d. Vf.], der von Dezember 1896 datiert und in dem Schuffenecker beklagt: *„Kein Kritiker, niemand ist interessiert an mir. Ich vermodere in meiner Ecke und kämpfe gegen eine Kunst, die sich bis jetzt als überaus grausam erwiesen hat."*[97]

Das Jahr 1897 verbrachte der Künstler in tiefer Depression; er erlitt einen Nervenzusammenbruch. Erst 1898 beteiligte er sich wieder an einer Ausstellung, die von Jules Leclercq organisiert und in Norwegen (Oslo, C. W. Blomqvist's Udstilling-Salon), Helsinki und Stockholm, möglicherweise auch in Berlin gezeigt wurde; Johanna van Gogh Bonger stellte drei Gemälde Vincents für diese Ausstellung zur Verfügung.

Zunehmend erschwerten finanzielle Nöte das Leben der Familie Schuffenecker und brachten die Ehe von Emile und Louise in eine schwere Krise; 1898 zog Emile von Paris nach Meudon in das Haus seiner Mutter, und im folgenden Jahr reichte Louise die Scheidung ein, die 1904 vollzogen wurde.

Die finanzielle Situation Schuffeneckers wurde immer prekärer, so dass er sich schließlich gezwungen sah, seine gesamte Sammlung von rund 120 Gemälden (seine eigenen Werke eingeschlossen) an seinen Bruder zu verkaufen (1904).[98] Im Mai 1908 erschien Schuffeneckers umfangreiche Abhandlung „La Grande Erreur sociale – L'Heritage", in der er sich mit der sinkenden Geburtenrate in Frankreich auseinander setzte, welche er als Folge der restriktiven Familiengesetzgebung und der antiquierten französischen Erbschaftsrechte ansah, und mit der er die dringende Notwendigkeit sozialer Reformen verdeutlichen wollte.

Emile, der Zeit seines Lebens in Paris bzw. Meudon lebte, unternahm zahlreiche Reisen, auf denen viele seiner Bilder entstanden, und von denen er stets vielfältige Anregungen für sein Schaffen mit nach Hause brachte. Zumeist nutzte er die Sommermonate und floh vor der Hitze der Großstadt an die Küste der Normandie oder der Bretagne. Wir wissen, dass er 1886 in Concarneau war und 1887 (und 1892, mit Emile Bernard) Étretat

besuchte. Besonders häufig verbrachte er die Sommer in Yport (1887, 1888, 1894, 1895); er besuchte Le Havre (1892), Dieppe (1893) und St. Brieuc (1908). In den 1920er Jahren war er mehrmals in Algerien, um dort zu malen.

Schuffenecker war Zeit seines Lebens auf vielen Ausstellungen mit seinen Werken vertreten; nur einige wichtige Ausstellungsbeteiligungen sollen hier genannt werden: „Salon des Indépendants", Paris (1884, 19900/01, 1903-05, 1908/09, 1912, 1917, 1926, 1934); „8ième exposition des Impressionnistes", Paris 1886; „L'Exposition de Peintures du groupe impressionniste et synthétiste", Café Volpini, Paris 1889; Galerie Georges Thomas, Paris 1893; „Exposition de Peintures et Pastels par E. Schuffenecker", Librairie de l'art Indépendants; Paris 1896; „Première Exposition du Group Esotérique", 1900; Münchner Kunstverein, München 1904; Galerie Joyant (Goupil), Paris 1918; „Gauguin et ses amis, l'École de Pont-Aven, et l'Académie Julian", Galerie des Beaux-Arts et de la Gazette des Beaux-Arts, Paris 1934.

Claude-Emile Schuffenecker starb im Juli 1934 in Paris; er wurde auf dem Friedhof Montparnasse beigesetzt. Als Haupterbin war seine Tochter Jeanne eingesetzt, und auch die beiden Kinder von Emiles früh verstorbenem Sohn Paul beerbten ihren Großvater; Gemälde allerdings befanden sich keine im Nachlass. Jeanne starb 1979 nach langer Krankheit, nachdem sie – entmündigt – in eine Heilanstalt eingewiesen worden war. Zuvor hatte sie unter der Vormundschaft Jacques Fouquets gestanden, dessen Galerie die Heimstätte der bedeutendsten Sammlung von Werken Claude-Emile Schuffeneckers in Frankreich war.   B.S.

53

Enfant rêvant devant la mer, au coucher de soleil, 1884
Träumendes Kind am Meer bei Sonnenuntergang
Öl auf Leinwand, 54 x 65 cm
Signiert u. datiert unten rechts: E. Schuffenecker / 1884
Wallraf-Richartz-Museum – Fondation Corboud, Inv.-Nr. Dep. FC 694
Provenienz:
Privatbesitz (durch Erbschaft; ehem. aus direktem Besitz des Künstlers als Geschenk an die Familie übergegangen); Galerie Von Vértes.
Ausstellung:
„Miracle de la couleur", hrsg. von Rainer Budde und Barbara Schaefer, Wallraf-Richartz-Museum – Fondation Corboud, Köln 2001, Kat.-Nr. 150, Farbabb. S. 341.
Abb. S. 72

54

Personnage dans la lande bretonne (Le chemin traversant la colline en fleurs, Le Chemin montant), 1886
Figur in bretonischer Heidelandschaft (Der Weg über den blühenden Hügel, Der ansteigende Weg)
Öl auf Leinwand, 46,2 x 56,5 cm
Atelierstempel unten links: E (Lotusblüte) S
Rückseitig bezeichnet: J. Schuffenecker
Wallraf-Richartz-Museum – Fondation Corboud, Inv.-Nr. Dep. FC 681
Provenienz:
Verst. Nouveau Drouot, 21. März 1984, Kat.-Nr. 30 (m. Abb.); Verst. Christie's,

London, 1. Dezember 1992, Lot 123, Kat. S. 34 (m. Abb.); Privatsammlung, Paris und Montreal; Verst. Christie's, London, 25. Juni 1998, Lot 210, Kat. S. 116 (m. Farbabb.).

Ausstellungen:
Galerie Berri-Raspail, Paris 1947, Nr. 9; „Emile Schuffenecker 1851-1934", Musée de Pont-Aven, Pont-Aven/ Musée Départemental Maurice Denis: „Le Prieuré", Saint-Germain-en-Laye, 1996/97, Kat.-Nr. 10, S. 37 (m. Farbabb.); „Miracle de la couleur", hrsg. von Rainer Budde und Barbara Schaefer, Wallraf-Richartz-Museum – Fondation Corboud, Köln 2001, Kat.-Nr. 151, Farbabb. S. 343; „Von Sisley bis Rohlfs – Meisterwerke des Impressionismus und Neoimpressionismus", Kunsthaus Apolda Avantgarde, In Zusammenarbeit mit Wallraf-Richartz-Museum – Fondation Corboud Köln, Köln 2002, Kat.-Nr. 44, Farbabb. S. 99.

Literatur:
Richard Ranft: „Emile Schuffenecker", in „Les Hommes d'aujourd'hui", vol. 8, 1891, N° 389; „Connaissance des Arts", 1984, Nr. 17 (m. Abb.); René Porro: „Claude-Emile Schuffenecker 1851-1934", Fedry-Combeaufontaine 1992, Bd.1, Nr. 185, S. 189 (m. Abb.), als *La Butte rouge*; Jill-Elyse Grossvogel: „Schuffenecker: Evolution d'une Symbolique", in: „Emile Schuffenecker 1851-1934", Ausst.-Kat. Musée de Pont-Aven, Pont-Aven/Musée Départemental Maurice Denis: „Le Prieuré", Saint-Germain-en-Laye, 1996/97, S. 10; Jill-Elyse Grossvogel: „Claude-Emile Schuffenecker. Catalogue raisonné", Bd. 1, San Francisco 2000, Nr. 400, S. 149 (m. Abb.).

Abb. S. 73

Georges Seurat
(Paris 1859–1891 Paris)

Georges Pierre Seurat wird als drittes Kind eines später wohlhabenden Gerichtsdieners geboren, der aber von seiner Familie getrennt lebt. Zeitlebens ist die Wohnung der Mutter in Paris sein eigentliches Zuhause. 1875 bis 1877 besucht Seurat an einer städtischen Abendschule die Zeichenkurse des Bildhauers Justin Lequien. 1878 bis 1879 studiert er an der Pariser École des Beaux-Arts. Im Louvre kopiert er vor allem Ingres, den er sehr verehrt. 1879 mietet er gemeinsam mit Aman-Jean und Ernest Laurent ein Atelier. In der vierten. Ausstellung der Impressionisten beeindrucken ihn die Gemälde von Monet, Pissarro und Degas, bei Durand-Ruel lernt er die anderen Impressionisten sowie die Maler von Barbizon kennen. Während seines einjährigen Militärdienstes in Brest skizziert er vor allem und liest David Sutters Artikel über „Die Phänomene des Sehens". 1881 kehrt er nach Paris zurück und mietet ein eigenes Atelier. Er studiert wissenschaftliche Bücher über das Sehen und die Farben sowie die Malweise von Delacroix. 1883 beteiligt er sich erstmals mit einer Zeichnung am offiziellen Salon, andere eingereichte Arbeiten werden abgelehnt. Begegnung mit Puvis des Chavannes. 1884 stellt Seurat im neu gegründeten „Salon des Indépendants" sein erstes großformatiges Gemälde *Badeplatz bei Asnières* aus. Er befreundet sich mit Paul Signac und lernt Dubois-Pillet, Angrand und Cross kennen. 1885 verbringt er den Sommer in der Normandie und arbeitet erstmals konsequent pointillistisch. Nach Paris zurückgekehrt übermalt er das bereits

fertig gestellte großformatige Bild *Sonntagnachmittag auf der Insel La Grande Jatte* mit Punkten. Bekanntschaft mit Camille Pissarro. Auf der achten und zugleich letzten Ausstellung der Impressionisten 1886 zeigt er erstmalig die *Grande Jatte*, im gleichen Jahr auch bei den Indépendants. In seinem neuen Atelier am Boulevard de Clichy entsteht ein weiteres großformatiges pointillistisches Gemälde, die *Poseuses*, in dem er erstmalig auf die Darstellung von Raumtiefe verzichtet. 1887 besucht Seurat Vincent van Gogh in dessen Pariser Atelier, wenige Monate später erfolgt der Gegenbesuch der Brüder van Gogh. In diesen Jahren beteiligt er sich wiederholt an den Ausstellungen der Gruppe ‚Les Vingt' in Brüssel. Mit Pissarro, Signac und Cross stellt er in den Ausstellungsräumen des jungen Kunstkritikers Félix Fénéon aus. 1889 bezieht Seurat mit seiner schwangeren Freundin Madeleine Knobloch – von der weder seine Familie noch seine Freunde wissen – ein neues Atelier. Er porträtiert Madeleine als *Junge Frau, sich pudernd*. Den Sommer 1890 verbringt Seurat in Gravelines an der Nordsee, im Herbst beginnt er sein letztes großformatiges Gemälde *Zirkus*, das er, noch nicht ganz fertiggestellt, im Frühjahr 1891 im VII. Salon des Indépendants ausstellt. Am 26. März erkrankt Seurat plötzlich und stirbt drei Tage später im Alter von nur 31 Jahren. Am 3. Mai inventarisieren Signac, Luce und Fénéon den künstlerischen Nachlass im Beisein von Madeleine Knobloch und Seurats Bruder Émile.

Seurat gilt als der eigentliche ‚Erfinder' der pointillistischen Maltechnik. Pissarro bemerkte in einem Brief an seinen Sohn Lucien nach dem frühen Tod Seurats vorausschauend: „Ich glaube, du hast recht, mit dem Pointillismus ist es aus, aber ich denke, es werden davon andere Wirkungen ausgehen, die später große Bedeutung für die Kunst haben werden. Seurat hat wirklich etwas geschaffen."[99] Tiefer als die in den folgenden Jahrzehnten von unzähligen Künstlern wiederholte divisionistische Maltechnik sollte anderes bis in die klassische Moderne wirken: Seurats mathematisch vorbereitete Kompositionen und seine in Farbe und Form erarbeitete Abstraktion von der Wirklichkeit.   B.R.

55
Figure massive dans un paysage à Barbizon, um 1882
Massige Gestalt in einer Landschaft in Barbizon
Öl auf Holz, 15,5 x 24,8 cm
Bezeichnung auf der Rückseite: G. Seurat. Barbizon. RC 024
Wallraf-Richartz-Museum – Fondation Corboud, Inv.-Nr. Dep. FC 705

Provenienz:
Nachlass des Künstlers (posthume Inventarliste Nr. 36); Victor Bossuat, Paris; Dr. Rignault, Paris; Paul Rosenberg, Paris/New York; Verst. Christie's, London, 2. Dezember 1996, Lot 6.

Ausstellungen:
„Georges Seurat", Galerie Paul Rosenberg, Paris 1936, Kat.-Nr. 24; „Seurat and his Contemporaries", Galerie Wildenstein, London 1937, Kat.-Nr. 53; „Pointillismus – Auf den Spuren von Georges Seurat/Pointillisme – sur les traces de Seurat", Wallraf-Richartz-Museum, Köln/Fondation de l'Hermitage, Lausanne, 1997/98, Kat.-Nr. 134, S. 255 (Farbabb. im Tafelteil); „Monet, Renoir et les Impressionnistes", Tobu Museum of Art, Tokio/ Hokkaido Obihiro Museum of Art, Obihiro/The Okayama Prefectural Museum

of Art, Okayama/Nara Prefectural Museum of Art, Nara 1998, Kat.-Nr. 44, S. 106f. (m. Farbabb.) u. S. 156; „Miracle de la couleur", hrsg. von Rainer Budde und Barbara Schaefer, Wallraf-Richartz-Museum – Fondation Corboud, Köln 2001, Kat.-Nr. 155, Farbabb. S. 351; „Miracle de la couleur: impressionisme en post-impressionisme. Fondation Corboud", Kunsthal Rotterdam 2003, Kat. S. 81 [als *Figuur in een landschap, Barbizon*], Farbabb.

Literatur:

Henri Dorra/John Rewald: „Seurat. L'Œuvre Peint – Biographie et Catalogue Critique" (= L'Art Français. Collection dirigée par Georges Wildenstein), Paris 1959, Nr. 55, S. 53 (m. Abb.); C. M. de Hauke: „Seurat et son œuvre", Bd. 1, Paris 1961, Nr. 25, S. 14f. (m. Abb.), S. 259 u. Abb. S. 264; André Chastel/ Fiorella Minervino: „L'opera completa di Seurat", Mailand 1972, Nr. 27, S. 92f. (m. Abb.), als *Figura seduta in un prato a Barbizon*; John Russell: „Seurat", London 1989, Nr. 41, S. 53 (m Abb.) u. S. 275; Catherine Grenier: „Seurat. Catalogo completo dei dipinti" (= I gigli dell'arte. Archivi di arte antica e moderna), Florenz 1990, Nr. 27, S. 32 (m. Abb.) u. S. 157, als *Figura massiccia in un paesaggio*.

Abb. S. 74

Paul Signac
(Paris 1863–1935 Paris)

Der junge Signac stand zu Beginn seines Schaffens deutlich unter dem Einfluss der Impressionisten – Pissarro, Renoir, Guillaumin und insbesondere Claude Monet. Bisweilen rufen Signacs frühe Arbeiten auch Erinnerungen an Werke Alfred Sisleys wach; 1882 hatte er Gelegenheit, 27 Bilder Sisleys auf der siebten Impressionisten-Ausstellung zu bewundern.

Auch bereits die Impressionisten-Ausstellung des Jahres 1879 in der Avenue de l'Opera, auf der allerdings weder Sisley noch Renoir oder Cézanne ausstellten, hatte der junge Signac besucht – zu dieser Zeit noch Schüler am Collège Rollin. Besonders bewunderte er zudem Manet, dessen *L'Exécution de Maximilian*[100] er im selben Jahr im „Salon Officiel" sah. Und Signac, der später unermüdlich für die Reinheit und die strahlende Leuchtkraft der Farben eintrat, würdigte gleichwohl stets die Qualitäten Manets. 15 Jahre später schrieb er:

> „*Quel peintre! Il a tout: la cervelle intelligente, l'oeil impeccable, [...]! Décidément, j'aime beaucoup mieux sa manière noire et grise que sa dernière manière colorée qu'il devait aux impressionnistes.*"[101]

Gegen Ende des Jahres 1880, im Alter von 18 Jahren, verließ Signac die Schule und entschied, sich zukünftig der Malerei zu widmen, genauer gesagt der ‚peinture impressionniste'.

Henri Guilbeaux beschrieb in einem Artikel, den er 1911 verfasste,[102] wie Paul Signac durch die Claude-Monet-Ausstellung, die im Juni 1880 von Charpentier in den Räumen der Kunstzeitschrift „La Vie moderne" organisiert worden war, dazu inspiriert wurde, en plein-air zu malen. Diese Tatsache wurde späterhin von Jacques Guenne bestätigt, der 1925 ein Gespräch mit Paul Signac niederschrieb,[103] in welchem dieser erneut seine frühe Bewunderung für die Ausstellung von 1880 mit Werken Monets

bekräftigte und den Eifer beschrieb, mit welchem er von da ab an den Ufern der Seine malte.

Auf einem dieser Streifzüge Signacs entlang der Ufer der Seine ist 1883 bei Courbevoie die Darstellung einer Flusslandschaft entstanden. Wie vor den meisten der frühen Werke Signacs empfindet man auch vor diesem Bild deutlich den Einfluss der Impressionisten, insbesondere Monets; *La Seine à Courbevoie* ruft – von zartem Licht erfüllt und in lockerer Linienführung mit gleichwohl energischem Pinselstrich ausgeführt – Gemälde Monets in Erinnerung, die Signac im selben Jahr bei Durand-Ruel ausgestellt gesehen haben kann.

1884, am 15. Mai, eröffnete in einem Barackenbau neben den Tuilerien der erste „Salon des Indépendants" – ein denkwürdiges Datum im Hinblick auf die Entwicklung der modernen Kunst. Neben Odilon Redon stellte hier erstmals die Gruppe junger Künstler aus, die in der Folgezeit die Malerei revolutionieren sollte: neben Charles Angrand, Albert Dubois-Pillet, Henri Edmond Cross und Georges Seurat auch Paul Signac; Signac war mit *La Seine. Quai d'Austerlitz*[104] und einer Ansicht der *Rue Caulaincourt*[105] vertreten.

Stand dieser erste „Salon des Indépendants" zwar noch deutlich unter der Ägide des Impressionismus, so verband die jungen Maler dennoch bereits ein gemeinsames Streben nach einer neuen, bestimmenden Ordnung für ihre Kunst, waren sie erfüllt von einem neuen Wir-Gefühl: Sie waren bemüht, in der Wissenschaft Erkenntnisse zu finden, um die Lehre von den Farbspektren systematisch in ihren Bildern anwenden zu können. Sie fühlten, dass die Naturwissenschaft Rat und eine gewisse Berechtigung bieten konnte, die Gesetze der Farbe für die Kunst zu nutzen – und dies wissenschaftlich fundiert und nicht, wie bisher, rein intuitiv. Somit sollte sich also schon 1884 die Abwendung Signacs vom Impressionismus ankündigen und damit verbunden seine Hinwendung zu der im Entstehen begriffenen Kunstform des Divisionismus – nur ein Jahr nachdem *La Seine à Courbevoie (Paysage de rivière)* entstanden war, welches noch deutlich dem Impressionismus verpflichtet ist.   B.S.

56

La Seine à Courbevoie (Paysage de rivière), 1883
Die Seine bei Courbevoie (Flusslandschaft)
Öl auf Leinwand, 45 x 81 cm
Signiert u. datiert unten links: P Signac / 83
Bezeichnet unten links: Neuilly
Wallraf-Richartz-Museum – Fondation Corboud, Inv.-Nr. Dep. FC 798
Cahier d'opus: Nr. 57, „La Seine à Courbevoie";
cahier manuscrit: „La Seine à Courbevoie"
pré-catalogue: „La Seine à Courbevoie", S. 53.
Provenienz:
Vom Künstler verkauft an Édouard Berend; Sammlung des Künstlers, 1934 (vermutlich zurückerworben); Ginette Signac, 1935; Verst. Sotheby's, London 27. Juni 1977, Lot 22; Sammlung Max Ritter, Erlenbach (Zürich), bis 1993; Galerie Von Vértes.
Ausstellungen:
„Paul Signac", Petit-Palais, Paris 1934, Nr. 3; „Monet, Renoir et les Impres-

sionnistes", Tobu Museum of Art, Tokio/Hokkaido Obihiro Museum of Art, Obihiro/The Okayama Prefectural Museum of Art, Okayama/Nara Prefectural Museum of Art, Nara, 1998, Kat.-Nr. 50, S. 118f. (m. Farbabb.) u. S. 157; „Miracle de la couleur", hrsg. von Rainer Budde und Barbara Schaefer, Wallraf-Richartz-Museum – Fondation Corboud, Köln 2001, Kat.-Nr. 156, Farbabb. S. 357; „Miracle de la couleur: impressionisme en post-impressio-nisme. Fondation Corboud", Kunsthal Rotterdam 2003, Kat. S. 40 [als *De Seine bij Courbevoie*], Farbabb.
Literatur:
Françoise Cachin/Marina Ferretti-Bocquillon: „Signac. Catalogue raisonné de l'œuvre peint", Paris 2000, Nr. 50, S. 156 (m. Abb.).
Abb. S. 75

Alfred Sisley
(Paris 1839–1899 Moret-sur-Loing)

Alfred Sisley, englischer Abstammung, 1839 in Paris geboren, ging 1857 nach London, um dort den Kaufmannsberuf zu erlernen. Er blieb vier Jahre in London, besuchte in dieser Zeit regelmäßig die Museen und öffentlichen Sammlungen und bewunderte vor allem die Werke Constables und Turners. Im Frühjahr des Jahres 1862 kehrte er nach Paris zurück, gab den Beruf des Kaufmanns auf und widmete sich fortan der Kunst. Im Atelier seines Lehrers Charles Gleyre machte er die Bekanntschaft von Claude Monet, Auguste Renoir und Germain Bazille. 1863 arbeiteten die vier Künstler erstmals gemeinsam im Wald von Fontainebleau vor der Natur; es folgte ein Aufenthalt Sisleys in Chailly-en-Bière. 1865 malten Sisley, Renoir, Monet und Camille Pissarro in Marlotte, wie sie überhaupt seit 1863 regelmäßig die Sommermonate dazu nutzten, in der Umgebung von Paris in der freien Natur zu malen. Im Jahre 1866 stellte Sisley erstmals im Pariser Salon aus. Im darauf folgenden Jahr hielt er sich mit seiner jungen Frau Marie-Eugénie und dem kleinen Sohn Pierre in Honfleur auf und traf später im Jahr in Chailly-en-Bière Renoir wieder. Im kommenden Frühjahr reisten die Sisleys erneut nach Chailly, wo Renoir das berühmte Porträt des Paares schuf.[106]

1869 wurden Sisleys Einsendungen vom Salon zurückgewiesen; im folgenden Jahr war er dort wieder mit zwei Landschaften vertreten. In dieser Zeit verkehrte der Maler häufig im ,Café Guerbois', einem beliebten Treffpunkt der Maler und Schriftsteller von Paris; der Krieg zwischen Frankreich und Deutschland, der 1870 ausbrach, sollte die Gruppe der jungen Künstler dann allerdings zunächst auseinander bringen.

Bis zum Ausbruch des preußisch-französischen Krieges hatte Sisley nur verhältnismäßig wenige Bilder gemalt; die finanzielle Absicherung durch seine Familie hatte es ihm bis dato ermöglicht, seiner Berufung zur Malerei als ,Amateurmaler' nachzugehen, war er doch nicht darauf angewiesen, sich seinen Lebensunterhalt durch Verkäufe seiner Bilder zu verdienen. Diese Situation sollte sich durch die Ereignisse und Folgen des Krieges allerdings grundlegend ändern, denn die Geschäfte seines Vaters erlitten einen schweren finanziellen Einbruch; Sisleys Vater starb früh, verzwei-

felt über den Ruin. Nunmehr war Sisley gezwungen, für den Unterhalt seiner jungen Familie selbst aufzukommen.

Sisleys frühe Landschaften – auch jene, die er im Salon der Jahre 1866 und 1870 zeigte – waren in einer dunklen Palette von gedecktem Braun gemalt. Wiewohl er die reaktionären Akademietraditionen ablehnte, hegte er nämlich eine große Bewunderung für die Kunst Corots und Courbets, die er für vorbildlich erachtete. Bereits in Sisleys frühen Werken sind seine außerordentlichen künstlerischen Fähigkeiten offensichtlich: ein besonderes Gefühl für den Bildraum, den Bildaufbau und den Kontrast zwischen Licht und Schatten und ein untrügliches Gespür für die Wirkung der Farbtöne. Allerdings begann er erst um 1870 freier und in helleren Farben zu malen, übernahm die Chromatik der impressionistischen Palette und setzte Pinselstriche lichter Farben gesondert nebeneinander.

Monet und Pissarro hatten Sisley mit dem Kunsthändler Durand-Ruel bekannt gemacht, und 1872 stellte dieser vier Werke Sisleys in seiner Galerie in London aus. 1874 fand dann die erste gemeinsame Ausstellung der Gruppe der Impressionisten im Atelier des Photographen Nadar am Boulevard des Capucines statt, auf der Sisley fünf Landschaften präsentierte. Auf Einladung des Sängers Jean-Baptiste Faure, der einer der ersten Sammler der Werke von Manet, Monet und einiger derer Künstlerfreunde war, reiste Sisley nach England und schuf dort eine Folge von Landschaftsbildern von Hampton Court.[107] In den Bildern aus Hampton Court verschrieb sich Sisley erstmals völlig der impressionistischen Technik; seine Malweise war nun ungemein freier, wobei es sich keineswegs um eine unbewusste Entwicklung in seinem Schaffen handelte, denn einige Jahre später berichtete er dem Kunstkritiker Adolphe Tavernier über seine Arbeitsweise:

„Obwohl der Landschaftsmaler immer Herr über seine Pinselstriche und sein Motiv sein muss, muss die Malweise die Gefühle des Künstlers ausdrücken können. Wie Sie sehen, bevorzuge ich es, die Technik innerhalb eines Bildes differieren zu lassen. Dies ist nicht die gängige Anschauung in diesen Tagen, aber ich denke, dass ich recht daran tue – insbesondere wenn es sich um eine Frage des Lichtes handelt – die Umrisslinie in einem Teil der Darstellung abzuschwächen, was wiederum den anderen Teil aufklart und aufhellt, denn die Lichteffekte, die einem in der Natur als wahr erscheinen, müssen auf der Leinwand durch materielle Werte hervorgerufen werden."[108]

Eine genaue Idee davon, was Sisley meinte, wenn er *„die Technik innerhalb eines Bildes differieren zu lassen"* gedachte, bekommt man bei Betrachtung seiner Bilder aus Hampton Court, in denen er strahlende Farben in dicken Pinselstrichen neben Partien setzte, die in überaus glatter Manier gemalt sind.[109]

Von 1875-1877 ließ Sisley sich in Marly-le-Roi nieder, wo er u. a. die Bilderfolge *L'Inondation à Port Marly* (Hochwasser in Port Marly) schuf.[110]

In prekären finanziellen Verhältnissen lebend, beschloss Sisley zu dieser Zeit, sich Renoir, Monet und Berthe Morisot anzuschließen, die ihre Bilder in eine öffentliche Auktion gaben, in der Hoffnung, Sammler für ihr Werk interessieren zu können. Am 24. März 1875 fand die erste Versteigerung impressionistischer

Bilder im ‚Hôtel Drouot' statt, ein Ereignis, das überaus ablehnende, feindlich zu nennende Reaktionen in der Öffentlichkeit hervorrief; Sisley hatte 21 Bilder in die Auktion gegeben, die durchweg nur zu niedrigen Preisen zugeschlagen wurden, obwohl der Kunstkritiker Théodore Duret, der wohlhabende Caillebotte und ein Sammler namens Victor Choquet die Preise in die Höhe zu treiben versucht hatten. Im April des darauf folgenden Jahres fand bei Durand-Ruel die zweite Gruppenausstellung der Impressionisten statt, und auch hier war Sisley (mit acht Werken) vertreten; er verkaufte nicht ein Bild. Auf der dritten Impressionisten-Ausstellung 1877 in der Rue de Peletier zeigte er sogar 17 Bilder, doch auch diesmal konnte er für keines einen Käufer finden. Außer von Georges Rivière wurde Sisleys Werken von keinem der Kunstkritiker Beachtung geschenkt; Rivière schrieb am 14. April 1877 im „Impressionist":

> „Dieses Jahr zeigt Monsieur Sisley mehr Bilder als früher, wiewohl sein bezauberndes Talent alles andere als üppig zu nennen ist, wie man an mindestens zehn Beispielen sieht. Jedes Werk lässt denselben Stil und dieselbe Finesse erkennen, strahlt dieselbe Ruhe aus..."[111]

Trotz der völligen Missachtung, mit der ihn die Kritiker straften, verzweifelte Sisley nie; er suchte Zuflucht in der Musik und fand vor allem im Malen den stärksten Trost. Geduldig betrieb er seine Studien und wartete auf den Erfolg und die Wertschätzung, die zu verdienen er sicher war, die seinem Werk und Schaffen jedoch erst nach seinem Tode zuteil werden sollten.

Im Herbst des Jahres 1877 zog Sisley von Marly nach Sèvres. In Sèvres und seiner Umgebung fand Sisley viele neue Motive, und so malte er häufig in Suresnes, Meudon, Saint-Cloud und Louveciennes, bevorzugt auch im Winter, denn es faszinierte ihn, verschiedene Nuancen vom Weiß des Schnees in seinen Bildern festzuhalten und die Lautlosigkeit einer Winterlandschaft zur Wiedergabe zu bringen.

Im Frühjahr 1878 veröffentlichte Durand-Ruel ein Buch über die Impressionisten, in der der Kunst Alfred Sisleys ein großer Abschnitt gewidmet war. Im April des Jahres kam die Sammlung Hoschede zur Veräußerung, darunter 13 Gemälde von Sisley, die zu einem Mindestgebot von nur je 114 Francs versteigert wurden.

Durand-Ruel konnte dem Künstler nicht länger durch regelmäßige Ankäufe eine finanzielle Sicherheit bieten: Nur die zeitweise Unterstützung durch den Verleger Georges Charpentier konnte Sisley vor seinen Gläubigern retten. Um diese Zeit löste das Café ‚Nouvelle Athènes' das ‚Café Guerbois' als neuer Treffpunkt der Künstler der Avantgarde ab, doch verkehrte Sisley dort nur selten. Stattdessen war er – wie auch Guillaumin und Renoir – regelmäßig Gast bei dem reichen Eugène Murer, der am Boulevard Voltaire eine gut gehende Patisserie besaß und ein großer Bewunderer der Impressionisten war. Gleichwohl reichte die finanzielle Hilfe seiner beiden Freunde, Murer und Charpentier, nicht aus, und Sisleys Lage blieb prekär.

Durch seine ständigen finanziellen Schwierigkeiten bedrängt, bewarb Sisley sich 1879 erneut beim offiziellen Salon, in der Hoffnung, dadurch bekannter zu werden und auf diese Weise neue Abnehmer für seine Bilder zu finden,[112] doch wurden seine Einsendungen zurückgewiesen; in diesem Jahr nahm er auch nicht an der vierten Ausstellung der Impressionisten teil, ebenso wenig an den beiden folgenden (1880 und 1881). Georges Charpentier erbot sich 1881, in seiner Galerie ‚La Vie Moderne' 14 Werke von Sisley auszustellen; im Juni unternahm der Maler eine Reise auf die Insel Wight.

Nachdem er seit 1880 in Veneux-Nadon gelebt hatte, übersiedelte Sisley 1882 nach Moret-sur-Loing im Wald von Fontainebleau; in diesem Jahr nahm er wieder an der Ausstellung der Impressionisten teil. Im Juni 1883 hatte er eine Einzelausstellung bei Durand-Ruel, auf der 70 Bilder gezeigt wurden. Die Familie zog in diesem Jahr weiter nach Veneux-les-Sablons; durch Verkäufe seiner Bilder – etwa nach Boston, Rotterdam und Berlin – stellte sich langsam eine gewisse finanzielle Sicherheit ein. Die Galerie Durand-Ruel stellte 1885 Werke Sisleys in London aus; 1886 organisierte Durand-Ruel in New York, wo er im darauf folgenden Jahr eine Galerie eröffnen sollte, zwei Ausstellungsbeteiligungen Sisleys. Auf der letzten, achten Impressionisten-Ausstellung im Jahr 1886 war Sisley nicht vertreten.

Im Mai des Jahres 1887 nahm er hingegen an der zweiten „Internationale-Ausstellung" bei Georges Petit teil; im Juni des folgenden Jahres stellte er gemeinsam mit Renoir und Pissarro bei Durand-Ruel aus. Er trug sich zu dieser Zeit mit der Absicht, die französische Staatsbürgerschaft anzunehmen.

Sisleys erste Einzelausstellung (bei Durand-Ruel) in New York fand Februar/März 1889 statt; es waren dort 28 Werke ausgestellt. Noch im selben Jahr übersiedelte Sisley von Les Sablons zurück nach Moret-sur-Loing. Zwei Jahre später, 1891, stellte Sisley im Salon der ‚Société nationale des Beaux-Arts' aus, zu deren Mitglied er ein Jahr zuvor berufen worden war; Durand-Ruel organisierte eine Ausstellung mit Werken von Monet, Pissarro und Sisley in Boston. Im Frühjahr 1893 Ausstellung bei Boussod & Valadon, über die Tavernier einen umfassenden Bericht in „L'Art français" verfasste; im März/April war Sisley wiederum auf der Ausstellung der ‚Société nationale' vertreten, ebenso in den folgenden Jahren bis zu seinem Tode (außer 1896 und 1897). In Rouen, wohin ihn 1894 eine Reise geführt hatte, stellte Sisley 1896 gemeinsam mit Monet, Pissarro, Renoir und Armand Guillaumin aus. Im Februar des Jahres 1897 fand eine große Retrospektive zum Werk Sisleys statt, auf der 146 Ölgemälde und sechs Aquarelle gezeigt wurden; die Ausstellung war ein finanzieller Misserfolg, und die Besprechungen durch die Kritiker waren schlecht. Im Mai reiste Sisley für vier Monate nach England, wo er London, Falmouth (Cornwall) und Penarth besuchte.

Alfred Sisley starb 1899, ein Jahr nach seiner Frau Marie-Eugénie, in Moret-sur-Loing; nie hatte er seine Bemühungen aufgegeben, die französische Staatsbürgerschaft zu erhalten, doch waren seine Bestrebungen bis zuletzt vergeblich gewesen. Noch im selben Jahr widmeten die Galerie Bernheim-Jeune (Paris) und Durand-Ruel (New York) dem Künstler Gedächtnisausstellungen; die Galerie Georges Petit (Paris) veranstaltete im Mai des Jahres eine Versteigerung von 27 Werken Sisleys, deren Erlös an die beiden Kinder Alfred Sisleys – Pierre und Jeanne – ging.

Camille Pissarro, Sisleys alter Freund und Weggefährte, hatte zu Beginn des Jahres 1899, als er merkte, dass Sisleys Ende nahte, in einem Brief an seinen Sohn Lucien das Schaffen Sisleys gewürdigt:

> *„Ich habe gehört, dass Sisley todkrank ist. Er ist ein großartiger Maler und meiner Meinung nach zählt er zu den großen Meistern. Ich habe Bilder von ihm gesehen von höchst ungewöhnlicher Sehweise und Schönheit, besonders die Darstellung eines Hochwassers, welche ein Meisterstück ist."*[113]

Die große Wertschätzung, die Sisley von seinen Malerkollegen bereits zu Lebzeiten entgegengebracht worden war, sollte seinem Werk schon bald nach seinem Tode auch von der öffentlichen Meinung, von Sammlern und Kunstkritikern zuerkannt werden. Heute gilt er als einer der bedeutendsten Vertreter der Malerei des Impressionismus. B.S.

57
Environs de Louveciennes, 1876
Umgebung von Louveciennes
Öl auf Leinwand, 61 x 46 cm
Signiert u. datiert unten rechts: Sisley.76
Wallraf-Richartz-Museum – Fondation Corboud, Inv.-Nr. Dep. FC 707
Provenienz:
Collection Clapisson, Paris; Hôtel Drouot (Verst. Collection Clapisson), Paris, 28. April 1894, Lot 32; Durand-Ruel, Paris (von Durand-Ruel am 10. Februar 1899 verkauft an M. Kohn); Collection Kohn, Paris (von Kohn am 3. Januar 1920 verkauft an Durand-Ruel); Durand-Ruel, New York (Von Durand-Ruel am 17. Januar 1929 verkauft an Charles S. McVeigh); Charles S. McVeigh, New York; Parke-Bernet Galleries (Dezember 1963); Privatsammlung, USA; Galerie Salis & Vértes.
Ausstellungen:
„Paintings by 19th & 20th Century Masters", Marlborough Gallery, London 1964; „,Kunstfestspiele'. Sommerausstellung 1999", Galerie Salis & Vértes, Salzburg 1999, Kat.-Nr. 3 (m. Farbabb.); „Miracle de la couleur", hrsg. von Rainer Budde und Barbara Schaefer, Wallraf-Richartz-Museum – Fondation Corboud, Köln 2001, Kat.-Nr. 162, Farbabb. S. 377.
Literatur:
François Daulte: „Alfred Sisley. Catalogue raisonné de l'œuvre peint", Lausanne 1959, Nr. 222 (m. Abb.).
Abb. S. 76

58
La baie de Langland, 1897
Die Bucht von Langland
Öl auf Leinwand, 54 x 65 cm
Signiert u. datiert unten rechts: Sisley – 97
Wallraf-Richartz-Museum – Fondation Corboud, Inv.-Nr. Dep. FC 618
Provenienz:
Hammer Galleries, New York; Privatsammlung New York.
Ausstellungen:
„Monet, Renoir et les Impressionnistes", Tobu Museum of Art, Tokio/Hokkaido Obihiro Museum of Art, Obihiro/The Okayama Prefectural Museum of Art, Okayama/Nara Prefectural Museum of Art, Nara, 1998, Kat.-Nr. 21, S. 60f. (m. Farbabb.) u. S. 150; „Miracle de la couleur", hrsg. von Rainer Budde und Barbara Schaefer, Wallraf-Richartz-Museum – Fondation Corboud, Köln 2001,

Kat.-Nr. 163, Farbabb. S. 381; „Von Sisley bis Rohlfs – Meisterwerke des Impressionismus und Neoimpressionismus", Kunsthaus Apolda Avantgarde, In Zusammenarbeit mit Wallraf-Richartz-Museum – Fondation Corboud Köln, Köln 2002, Kat.-Nr. 49, Farbabb. S. 109.
Abb. S. 77

Louis Valtat
(Dieppe 1869–1952 Paris)

Louis Valtat wurde 1869 – im selben Jahr wie Henri Matisse – in Dieppe geboren; 1880 verzog die Familie nach Versailles, wo der Sohn das Lycée Hoche besuchte. 1887 ging Valtat nach Paris an die École des Beaux-Arts und besuchte dort das Atelier Gustave Moreaus. 1891 – nachdem er seinen Militärdienst absolviert hatte – wurde er an der Académie Julian Schüler von Jules Dupré; hier lernte er Bonnard und Vuillard kennen, die sein frühes Schaffen beeinflussen sollten. Bereits im Jahr 1893 stellte Valtat im „Salon des Indépendants" aus, und nahm fortan regelmäßig an den Ausstellungen der Gruppe teil.

Ein Jahr später bezog Louis Valtat sein erstes Atelier in der Rue Glacière. In Paris verkehrte er im Kreis um Bonnard, Vuillard und den anderen Künstlern der Nabis-Gruppe, der regelmäßig im Café Volpini zusammenkam. Unter dem Einfluss dieses Künstlerzirkels gab er bald die pointillistische Technik auf, in der er anfänglich gemalt hatte, und sein Pinselstrich wurde zunehmend länger und gleichmäßiger. In den Jahren um 1905 sollte er neben Matisse und Marquet zu einem der führenden Vertreter des Fauvismus werden.

Zeit seines Lebens unternahm Valtat zahlreiche Reisen, vor allem durch sein Heimatland Frankreich; er besuchte häufig die Normandie, Port-en-Bessin und Arromanches, das Midi und die Bretagne, Andelys, Arles oder Boulogne-sur-Mer. 1894/95 hielt er sich für einige Zeit in Banyuls und Collioure auf, wo er mit dem Bildhauer Aristide Maillol zusammentraf. Mit Daniel de Monfreid reiste er nach Llansa, Spanien. 1894 war er in England. Es folgten ausgedehnte Reisen nach Arcachon (1895/96) und Agay (1897/98). 1899 baute Louis Valtat ein Haus in Anthéor bei Agay in der Nähe von Saint-Raphael, ‚Roucas Rou', wo er bis 1913 jeweils die meiste Zeit des Jahres verbrachte und eine enge Freundschaft zu Paul Valéry pflegte.

Das Jahr 1900 war für Valtat von großer Bedeutung: Er heiratete und zudem nahm der Kunsthändler Vollard ihn unter Vertrag. Mit Auguste Renoir, den er in den vorangegangenen Jahren in Cagnes besucht hatte, unternahm er alsdann eine Reise nach Maganosc. In Begleitung von Paul Signac reiste Valtat 1903 (und 1904) nach Saint-Tropez, und im Herbst desselben Jahr stellte er im „Salon d'Automne" seine ersten vom Fauvismus geprägten Bilder aus, allerdings in einem anderen Saal als Matisse, Derain, Vlaminck und ihre Künstlerfreunde; gleichwohl wurde Valtat fortan zu der Gruppe der Fauves gezählt.

1906 bereiste Valtat Algerien; 1912 stellte er den Verkauf seiner Bilder an Vollard ein. 1924 erwarb Valtat einen Besitz in Choisel, im Tal der Chevreuse, wohin er sich häufig zurück zog. Gleichwohl reiste er auch weiterhin viel, besuchte Sables-d'Olonne und La Rochelle, malte an der Mündung der Orne in Ouistreham, am Lac du Bourget und auch wieder in der Norman-die. 1948 verlor Louis Valtat in der Folge einer Augenerkrankung sein Augenlicht; er starb vier Jahre später, zu Beginn des Jahres 1952, in Paris. Im selben Jahr widmete die Galerie Durand-Ruel Louis Valtat eine Gedächtnisausstellung.

In den Anfängen schuf Valtat vor allem Ansichten der Stadt Paris, Zeugnisse des lebhaften Treibens der Großstadt, sowie Porträts. Louis Valtat war ein Künstler, der in seiner Zeit verhaftet war, und so wählte er zu Motiven seiner Malerei häufig seine nächste Umgebung, seine Familie, arbeitende Frauen, spielende Kinder, und vor allem auch die Landschaften, die er auf seinen Reisen für sich entdeckte.

Erst nach und nach gelangte sein künstlerisches Tempera-ment zum Durchbruch. In kraftvollem Kolorit schuf er Werke, für die er die Anregungen auf seinen zahlreichen Reisen empfing. Neben dem Kontakt zu der Künstlergruppe der Fauvisten in Paris war besonders auch die Freundschaft zu Renoir seit 1897/98 und seine Bekanntschaft mit Signac prägend für sein gesamtes Schaf-fen.

Valtat malte, schuf Holzschnitte, Radierungen und Lithogra-phien, Aquarelle und war auch als Bildhauer außerordentlich begabt; er arbeitete zeitweilig gemeinsam mit Renoir an dessen Skulpturen, und 1905 schuf er die Büste Cézannes (Musée Granet, Aix-en-Provence).   B.S.

59
Sous-bois, um 1898
Unterholz
Öl auf Leinwand, 64,8 x 54 cm
Signiert unten links: L. Valtat
Sammlung Corboud, Dauerleihgabe im Wallraf-Richartz-Museum – Fondation Corboud, Inv.-Nr. Dep. 802
Provenienz:
Henri M. Petit, Paris; Verst. Sotheby's, New York, 10. November 2000, Lot 372.
Literatur:
„Miracle de la couleur", hrsg. von Rainer Budde und Barbara Schaefer, Wallraf-Richartz-Museum – Fondation Corboud, Köln 2001, S. 444, Farbabb. S. 445.
Abb. S. 79

Anmerkungen:

1 Ambroise Vollard (Hrsg.): „Lettres de Vincent van Gogh à Emile Bernard", Paris 1911 (deutsche Ausgabe: Basel 1921).

2 Die nachstehende Biographie folgt den Angaben von Peter Kropmanns: „Gustave Caillebotte", in: „Saur Allgemeines Künstlerlexikon", München/Leipzig 1997, Bd. 15, S. 525-527.

3 Kropmanns, wie Anm. 2, S. 526.

4 Kropmanns, wie Anm. 2, S. 526.

5 W. Haftmann: „Malerei im 20. Jahrhundert", 1954, S. 57 ff.: *„Die Zeitgenossen verblüffte die hasserfüllte Ablehnung des Naturalismus, die aus allen Bildern der jungen Maler sprach. Sie drückten sich nicht so sehr durch Thema und Sujet aus als durch den Dekor des Bildes, durch die gesteigerte Harmonie der farbigen Formen, durch schwungvolle Arabesken, durch ausdrucksvolle Oberfläche. In der Handschrift blieb die abkürzende Primamalerei der Impressionisten gewahrt, aber darunter lag ein strenges dekoratives Gerüst [...]. Dieser große dekorative Zug war besonders bei Denis und Sérusier zu spüren. Er verband sich bei ihnen mit einer fast archaisch zu nennenden Kompositionsweise, die an das Quattrocento erinnern wollte und einen Reflex der Präraffaeliten durchschimmern ließ."* Vgl. in diesem Zusammenhang auch die folgende Äußerung Denis': *„Man sollte immer daran denken, dass ein Bild – bevor es ein Schlachtross, eine nackte Frau oder irgendeine Anekdote ist – wesentlich eine plane, von Farben in einer bestimmten Anordnung bedeckte Fläche ist."* (zit. n.: H. Read: „Denis, Maurice", in „Kindlers Malereilexikon", Bd. 4, Zürich 1988, S. 932).

6 Maurice Denis, *L'enfant de chœr* (Der Chorknabe), 1889-90, Pastell auf Papier, 68 x 29 cm, Privatsammlung.

7 Maurice Denis, *Hommage à Cézanne* (Hommage an Cézanne), 1900, Öl auf Leinwand, 180 x 240 cm, Musée d'Orsay, Paris; siehe hierzu auch Maurice Denis' Brief an Paul Cézanne vom 13. Juni 1901, in: „Paul Cézanne. Correspondance", hrsg. von John Rewald, Paris 1978, S. 275.

8 Henri Matisse, *Luxe, calme et volupté* (Luxus, Stille und Sinnenfreude), 1904/05, Öl auf Leinwand, 98,5 x 118 cm, Musée d'Orsay, Paris.

9 Emile Verhaeren [?], in: „L'Art moderne", 5. Februar 1888 (Übers. Vf.); („Und hier haben wir Mr. Finch, den ersten Belgier, der entschieden in die Reihen der Neoimpressionisten wechselt, die Teilung der Töne übernehmend, die Mischung auf der Palette ablehnend, nur die Farben des Spektrums zulassend und allein diese verwendend [...]. Seine Bilder können analysiert, entschlüsselt werden; und dennoch – ungeachtet dieser wissenschaftlichen Vorhersagbarkeit – scheint sein reiner, nordischer Malergeist durch und behauptet sich.").

10 Willy Finch, *Les meules* (Die Heuhaufen), 1889, Öl auf Leinwand, 32 x 50 cm, Musée d'Ixelles, Brüssel.

11 Georges Seurat, *Le Chenal de Gravelines, Petit Fort-Philippe* (Der Hafen von Graveline: Petit Fort-Philippe), 1890, Öl auf Leinwand, 73,7 x 93,5 cm, Indianapolis Museum of Art, Gift of Mrs. James W. Fesler in memory of Daniel W. and Elizabeth C. Marmon.

12 Der Aufsatz „Armand Guillaumin – Leben und Werk" von Christopher Gray, auf dem diese Biographie fußt, und der in den folgenden Katalogtexten in Auszügen wiederabgedruckt ist, erschien in deutscher Übersetzung zuerst in: „Vom Spiel der Farbe. Armand Guillaumin (1841-1927) – Ein vergessener Impressionist", Ausst.-Kat. Wallraf-Richartz-Museum, [Snoeck-Ducaju & Zoon] Köln 1996 (mit Übersetzungen aus dem Englischen und Französischen von Joanna Zajac-Wernicke).

13 Wahrscheinlich besaß er als Eisenbahnangestellter einen Freifahrtschein, der es ihm gestattete, an Sonntagen mit dem Zug in eine der kleinen Städte am Rande von Paris hinauszufahren, um dort zu zeichnen.

14 Als Guillaumin Pissarro erstmals begegnete, hatte es Letzterer aus der Sicht des jungen Künstlers bereits „geschafft", denn eines seiner Bilder war 1859 vom Salon angenommen worden. Guillaumin hingegen stieß 1861 dort auf Ablehnung.

15 John Rewald: „Die Geschichte des Impressionismus", Köln (6. Aufl.) 1995, S. 222.

16 Das erste schriftlich belegte Gemälde von Guillaumin ist 1867 datiert, obgleich er bereits 1863 – in dem Jahr, als er im ‚Salon des Refusés' ausstellte – Bilder gemalt hatte.

17 Seitdem Millet um die Mitte der 1860er Jahre begonnen hatte, Pastellfarben zu verwenden, erfreuten sich zunehmend größerer Beliebtheit (vgl. hierzu: R. L. Herbert: „Barbizon Revisited", New York 1962, S. 151). Später verfuhr Guillaumin gewöhnlich so, dass er zunächst eine Kohleskizze auf einem halben Blatt Ingres-Papier anlegte, danach das Farbschema in Pastell ausführte und schließlich das Bild vollendete. Allerdings benutzte er ausgeführte Werke während seiner gesamten Schaffenszeit sowohl Pastell- als auch Ölfarben.

18 In seinen Bildern sind die breiten Striche aus der frühen Phase immer noch zu erkennen, und nach wie vor dominieren die für Guillaumins frühen Stil bezeichnenden gedämpften Farben.

19 Lecomte nennt eine Fülle von Bildnissen, Stillleben und Studien von den Tieren im Jardin des Plantes, die ebenso wie Guillaumins Gemäldekopien von Claude Lorrain, Rubens und Ribera aus dem Palais du Louvre und dem Palais du Luxembourg verschwunden sind (G. Lecomte: „Guillaumin", Paris 1926, S. 27). Die abhanden gekommenen Kopien bedeuten eine schwere Einbuße für unser Wissen über die künstlerischen Anfänge Guillaumins. Beachtenswert ist jedoch, dass, während Manet, der Realist unter den Vorläufern des Impressionismus, von Velásquez, Zurbarán, Goya und Hals – allesamt Figurenmaler – anscheinend tiefgreifend beeinflusst war, Guillaumin ebenso wie Cézanne Maler kopierte, die mit der großartigen italienischen Barocktradition unmittelbar verwandt waren. Guillaumins Interesse für Rubens verweist zugleich auf seine Seelenverwandtschaft mit der Malerei von Delacroix.

20 Arsène Alexandre: Vorwort zu „Exposition Armand Guillaumin", Ausst.-Kat. Galeries Durand-Ruel, Paris 1894, S. 9.

21 Gachet machte Guillaumin mit Richard Lesclide bekannt, der mehrere von Guillaumins Platten mit Ansichten von Paris und seiner Umgebung für seine Veröffentlichung „Paris à l'eau forte" (Erstausgabe 1873) auswählte.

22 Damals wurde allgemein angenommen, die Impressionisten gehörten zur realistischen Schule und ihr führender Kopf und Namensgeber sei Courbet. Gewöhnlich identifizierte man sie mit den „communards" (Anhänger der Pariser Kommune).

23 Der durch diese Ausstellung entfesselte Aufruhr ist zu bekannt, als dass er hier einer Erörterung bedürfte. Der Hinweis mag ausreichen, dass sich die Kritiker in ihren Schmähreden im Großen und Ganzen mit den bekannteren Künstlern der Gruppe befassten, die bereits durch ihre Ausstellungen im Salon Aufmerksamkeit erregt hatten. Guillaumin, den unbekannten Neuling, bedachten sie weder mit einem positiven noch einem negativem Kommentar.

24 John Rewald: „Die Geschichte des Impressionismus", Köln (6. Aufl.) 1995, S. 250. Georges Rivière widmete Guillaumin in seiner ausführlichen Ausstellungsbesprechung, die in seiner kurzlebigen Zeitschrift „L'Impressioniste" erschien, nur einen flüchtigen Blick: *„Wir sollten Monsieur Cordey, Guillaumin und Lamy [...] erwähnen. Monsieur Guillaumin hat einige qualitativ gute und sicherlich gutgemeinte Landschaften ausgestellt!"* (Georges Rivière: Besprechung der dritten Gruppenausstellung der Impressionisten 1877, in: „L'Impressionniste", 2, 14. April 1877, Nr. 2, S. 1-7).

25 Auch diesmal nahmen die Kritiker kaum Notiz von Guillaumin. Anscheinend erwähnte ihn nur Zola. In der zweiten Folge der in „Le Voltaire" veröffentlichten Artikelreihe „Le Naturalisme au Salon" (19. Juni 1880) schrieb er: *„Messieurs Pissarro, Sisley und Guillaumin folgen Monsieur Claude Monet [...] sie haben sich befleißigt, ein Fleckchen Natur um Paris herum in vollem Sonnenlicht wiederzugeben, ohne die unvorhersehbarsten Farbwirkungen zu scheuen."*

26 Joris-Karl Huysmans: „L'Art Moderne. L'Exposition des Indépendants", Paris 1902, S. 261f.

27 Dass die Ausstellung stattfand, lag in erster Linie an der Hartnäckigkeit von Durand-Ruel. Sein Engagement war einleuchtend, denn er hatte eine katastrophale finanzielle Niederlage erlitten und sah nun in der Ausstellung eine der wenigen Chancen, sich zu sanieren. Guillaumin beschickte die Ausstellung mit 26 Werken, wovon die Hälfte Pastelle waren. Abermals bedachte Huysmans Guillaumin mit zögerndem Lob: *„Das Chaos, in dem er solange gekämpft hat, löst sich langsam auf. Schon 1881 begannen dichte Partien in der temperamentvollen Farbgebung seiner Bilder aufzutauchen; Eindrücke von lebendigen Szenen kamen zum Vorschein. Seine Paysages de Châtillon und Abreuvoir du quai des Cèlestins sind nun nahezu ausgewogen, doch bleibt Monsieur Guillaumins Auge für das menschliche Gesicht sonderbar erregt. Die verschwenderischen Regenbogenfarben erscheinen ein weiteres Mal in seinen Poträts und zerreißen seine Leinwände brutal von oben nach unten."* (J.-K. Huysmans: „L'Art Moderne. L'Exposition des Indépendants", Paris 1902, S. 289).

28 Der junge Maler Paul Signac bewunderte seit 1880 die Werke von Monet und Guillaumin. Da er nicht bei Monet studieren konnte, machte er sich mit Guillaumin bekannt, während sie beide entlang der Pariser Quais malten. Sie schlossen eine dauerhafte Freundschaft. Im Sommer 1884 stellte Guillaumin in seinem Atelier Signac und Pissarro einander vor. Da Seurat damals in Grandcamp malte, übernahm es Signac, dessen Theorien dem überaus interessierten Pissarro zu erläutern. Später, im Oktober, machte Guillaumin in der Galerie von Durand-Ruel Pissarro und Seurat miteinander bekannt.

29 C. L. Borgmeyer, „Armand Guillaumin", in: „Fine Arts Journal", Februar 1914, S. 63.

30 L. Venturi: „Les Archives de l'impressionisme", 2 Bde., Paris/New York 1939, Bd. 2, S. 215f.

31 Theo van Gogh schenkte den Impressionisten zunehmend mehr Beachtung und richtete die Investitionen der Galerie auf ihre Werke aus. Da Durand-Ruel stark verschuldet und nicht bereit war, umfangreiche Käufe zu tätigen, schauten sich die Impressionisten nach neuen Händlern um.

32 Seit der Geburt seiner Tochter im Oktober schuf der Künstler zahllose Skizzen und Pastelle von seiner jungen Familie. In den späten 1870er Jahren hatte er zwar eine Reihe Porträts gefertigt, doch seit Ende der 1880er Jahre beschränkten sich die Bildnisse fast ausschließlich auf Skizzen, Pastelle und Ölgemälde von seiner eigenen Familie. Zahlenmäßig übertreffen die freien Skizzen deutlich die vollendeten Pastell- und Ölbilder. Manchmal übte eine bestimmte Pose eine solche Faszination auf Guillaumin aus, dass er diese jahrelang immer wieder skizzierte, bis er beschloss, seinen Ideen in einem Gemälde Ausdruck zu verleihen.

33 „Paul Gauguin, Lettres à sa femme et à ses amis", hrsg. von M. Malingue, Paris 1946, Note 67, S. 152.

34 John Rewald: „Von van Gogh bis Gauguin. Die Geschichte des Nachimpressionismus", Köln 1987, S. 166.

35 Zu diesem Anlass schickte Gauguin sein „skandalöses" Holzrelief *Soyez amoureuses et vous serez heureuses,* das die Presse mit vernichtender Kritik quittierte. Guillaumins Werken dagegen wurde wenig Aufmerksamkeit zuteil.

36 Im Februar führte ein Artikel von Albert Aurier über Paul Gauguin zu dessen Entfremdung von Bernard und Pissarro und zum Ende der Beziehung zu Guillaumin. Dubois-Pillet, dem Guillaumin gewöhnlich an den Quais begegnete, war am 29. März gestorben; am 29. März starb Seurat. Der an den Kämpfen der Avantgarde lange Zeit unbeteiligte Cézanne zog sich endgültig in den Süden Frankreichs zurück, nachdem er 1890 sein Atelier in der Nachbarschaft von Guillaumin am Quai d'Anjou aufgegeben hatte. Im April war Gauguin in die Südsee aufgebrochen und kehrte vor seinem Tod nur einmal für einen kurzen Besuch nach Paris zurück.

37 Der ‚Salon d'Automne' war 1903 von Frantz Jourdain und Robert Rey zu dem Zweck gegründet worden, einen mehr oder weniger autonomen Salon zu schaffen, in dem die Bilder der Avantgarde ausgestellt werden konnten. Im ersten Jahr des Bestehens war Renoir Präsident gewesen. Guillaumin hatte das Amt von 1906 bis 1908 inne.

38 Von 1910 bis 1912 erörterte Sérusier die Rolle Guillaumins mit seinen Studenten: *„Guillaumin ist sehr interessant. Ebenso wie Cézanne und Gauguin verdankt er seine Einweisung Pissarro. Er ist impressionistischer geblieben als seine Kameraden, doch gehört er zu ihrer Familie."* (Paul Sérusier: „ABC de la Peinture", Paris 1942, S. 162).

39 André Fontainas: „Histoire de la peinture française aux XIXè et XXè siècles", Paris 1922, S. 300, 315.

40 Edouard Des Courières: „Armand Guillaumin", Paris 1926, S. 56.

41 Henri Focillon: „La Peinture aux XIXè et XXè siècles", Paris 1928, S. 219f.

42 Léon Bonnat, ein renommierter Maler und Vertreter der akademischen Traditionen, war als Porträtist vieler wichtiger Persönlichkeiten der Dritten Republik zu hohem Ansehen gelangt; von ihm stammt ein bedeutendes Porträt Victor Hugos.

43 Henri Lebasque, *Baigneuses* (Badende), 1899 (ehem. Collection M. F. Mantaut; Abb. in: Paul Vitry: „Henri Lebasque", hrsg. von den Galeries Georges Petit, Paris 1928, S. 27).

44 Es folgten zahlreiche Ausstellungsbeteiligungen Lebasques in den Vereinigten Staaten im Verlauf der 1920er und 1930er Jahre; seine Bilder wurden in Pittsburgh, Detroit, San Francisco, Chicago und Cleveland gezeigt und in Europa auch in Stockholm (1923), Venedig (1924, 1926, 1938) und Brüssel (1935).

45 Im Spätwerk Lebasques ist ein deutlicher Einfluss Dufys, Bonnards und Matisses zu erkennen.

46 Paul Vitry: „Henry Lebasque", hrsg. von den Galeries Georges Petit, Paris 1928.

47 „Exposition Rétrospective, Henri Lebasque, 1865 – 1937", Musée Gallier, Paris 1952.

48 „Henri Lebasque", Musée d'art moderne des Ponchettes, Nizza 1955.

49 „Henri Lebasque, 1865- 1937", Beilin Gallery, New York 1966.

50 „Exposition Henri Lebasque", Le Cannet 1970.

51 „Lebasque 1865 – 1937", Montgomery Gallery, San Francisco 1986.

52 1894 sollte mit *Fillette aux marguerites* Lebasques erstes deutlich vom Pointillismus Seurats und Signacs geprägtes Bild entstehen.

53 Henri Lebasque, *Partie de campagne* (Landpartie), um 1903, Öl auf Leinwand, 23,5 x 33 cm, Musée d'Angers (Leihgabe des französischen Staates).

54 Marcelle Marquet, Albert Marquets Frau, erinnerte sich 1951 in ihrem Buch „Marquet", dass Moreau – *„der einzige Lehrer, den er* [Marquet; Anm. d. Vf.] *in seiner Erinnerung gelten ließ"* – Marquet *„seinen ‚Intimfeind'* nannte".

55 Maufra bereiste außer England auch Wales und Schottland. Auf seiner Heimreise nach Frankreich machte er Station in London, wo er Bilder von Rubens und Rembrandt, aber auch der Engländer Gainsborough, Constable und Turner sah; vor allem von den Werken des Letzteren war Maufra tief beeindruckt.

56 Zit. n. André Cariou: „Impressionnistes et néo-impressionnistes en Bretagne", Rennes 1999, S. 78 (Übers. Vf.); *(„Ich weiß, dass Sie meine Kunstauffassung vertreten, und ich bin Ihnen sehr dafür verbunden. Wir beschreiten völlig unterschiedliche Wege; der ihre ist gut und Sie müssen nichts tun, als ihn fortzusetzen.")*

57 Gauguin widmete Maufra eine Zeichnung, die er bezeichnete: *„À l'ami Maufra, à l'artiste avant-garde"* („An den Freund Maufra, an den Künstler der Avantgarde").

58 Nach seinem Tode wurden Maufras Werke auf zahlreichen Ausstellungen in der ganzen Welt – außer in Paris und New York etwa auch in London (Galerie Gimpel, 1951), Genf (Galerie Motte, 1955) oder Nantes (Musée des Beaux-Arts) – ausgestellt.

59 Als Durand-Ruel einmal an Maufra schrieb, dass die Sammler sehr gut gemalte Bilder wünschten, womit sie völlig im Recht wären (Brief vom 10. April 1895, Archives Durand-Ruel), antwortete ihm der Künstler: *„Peignant [...] plus spécialement les movements, mers et ciels, il est souvent difficile de pousser sur place aussi loin qu'on le désire [...]. La pluie, le vent et autres changements de température vous arrêtent et il m'arrive toujours d'aller [...] sur un motif sans pouvoir y travailler".* Zit. n. André Cariou: „Impressionnistes et néo-impressionnistes en Bretagne", Rennes 1999, S. 79 (Übers. Vf.); *(„Beim Malen [...] ist es oft schwierig, besonders Bewegungen, Meer und Himmel, an Ort und Stelle so weit auszuarbeiten, wie man dies wünscht [...]. Der Regen, der Wind und andere Wetteränderungen halten einen auf, und es passiert mir immer [wieder], vor ein Motiv zu kommen, und dort nicht arbeiten zu können.").* Man ist bei dieser Äußerung unweigerlich an Monet erinnert, wie er bei der Sturm an den Steilküsten der Meere arbeitete.

60 Die Kirche aus dem 15. Jahrhundert im Weiler Saint-Avoye – in der Nähe von Vannes gelegen – war sehr bekannt, und Maufra hat sie mehrfach im Bild festgehalten.

61 Die erste grundlegende Arbeit zum graphischen Werk Maxime Maufras war V.-E. Michelets „Maufra – Peintre et Graveur" (Paris 1908); es folgten Veröffentlichungen von Arsène Alexandre („Maxime Maufra. Peintre Marin et Rustique [1861-1918]", Paris 1926), G. Denoinville („Maufra, Aquafortiste et Lithographe", 1928) und G. Turpin („L'œuvre gravé de Maufra", in: Beaux-Arts, September 1941). 1986 wurde von Daniel Morane der Katalog zur Ausstellung „Maxime Maufra, du dessin à la gravure" (Musée de Pont-Aven / Musée départemental du Prieuré, Saint-Germain-en Laye) herausgegeben.

62 Jean Metzinger: „Die Geburt des Kubismus", zit. n.: Fritz Metzinger/ Daniel Robbins/Jean Metzinger: „Die Entstehung des Kubismus. Eine Neubewertung", Frankfurt a. M. 1990, S. 173f.: *„Jetzt war ich wach geworden, und ich ließ mir alle Veröffentlichungen aus Paris schicken, in denen etwas über die künstlerischen Tagesthemen stand. Ich erfuhr, dass Cézannes Erfolg die Neo-Impressionisten nicht daran hinderte, sich als seine Freunde zu offenbaren. Von ihrer Malweise hatte ich nur eine oberflächliche, durch Lesen erworbene Kenntnis. Sie reichte aus, um festzustellen, dass ihre Technik meinem Sinn für Ordnung, für Gradlinigkeit, wenigstens auf dem Gebiet der Farbe, entsprach. Ich probierte sie in mehreren Bildern aus. Touront amüsierte sich sehr darüber. Ich schickte sie nach Paris. Sie wurden im Salon des Indépendants 1903 ausgestellt. Mehrere Kunsthändler schrieben mir und machten interessante Angebote. Ich entschied mich für einen von ihnen und nahm an."*

63 Louis Chassevent: „22e Salon des Indépendants, 1906", zit. n.: „Jean Metzinger in Retrospect", Ausst.-Kat. The University of Iowa Museum of Art, Iowa City 1985, S. 11: *„... Metzinger ist genau so ein Mosaizist wie Signac, jedoch legt er eine größere Genauigkeit in den Schnitt seiner farbigen Würfel, die so aussehen, als seien sie von einer Maschine hergestellt worden."*

64 Bereits 1905, anlässlich der Ausstellung der Indépendants, wurde Metzingers Schaffen „als Teil der neo-impressionistischen Tradition betrachtet" (Joann Moser, zit. n.: „Jean Metzinger in Retrospect", Ausst.-Kat. The University of Iowa Museum of Art, Iowa City 1985, S. 34).

65 Jean Metzinger, in: „La Grande Revue", zit. n.: „Jean Metzinger in Retrospect", Ausst.-Kat. The University of Iowa Museum of Art, Iowa City 1985, S. 11: *„Von den getrennten Pinselstrichen verlange ich nicht die objektive Wiedergabe des Lichts, sondern schillernde Schattierungen und bestimmte, der Malerei bisher noch fremde Aspekte der Farbe. Ich mache eine Art farblicher Differenzierung, und für Silben verwende ich Pinselstriche, die zwar in ihren Charakteristika unterschiedlich sind, die aber zusammenhängend gesehen nicht unterschiedlich sein dürfen, ohne den Rhythmus einer bildhaften Sprache zu ändern, die wiederum darauf angelegt ist, die unterschiedlichen, von der Natur ausgelösten, Empfindungen wiederzugeben."*

66 Berthe Morisots Vater Edme-Tiburce Morisot, der Sohn eines Architekten, stand im Dienst der französischen Regierung; als Berthe geboren wurde, war er Präfekt des Departements Cher, später wurde er als Verwaltungsleiter nach Paris berufen. Berthe wuchs in einer gebildeten und hoch angesehenen Familie des gehobenen Mittelstands auf, und als sie bereits sehr früh – mit offensichtlich großem Talent – zu zeichnen begann, wurde dies von ihren Eltern mit großem Wohlwollen gesehen.

67 Guichard war ein Schüler Ingres' gewesen; er hatte sich in der Folge zu einem großen Bewunderer Delacroix' entwickelt.

68 Berthe Morisot suchte ihr Leben lang von Zeit zu Zeit den Louvre auf, um dort die Kunst der Vorgänger zu studieren; noch als erfolgreiche und anerkannte Künstlerin fertigte sie Kopien nach Mantegna und Boucher.

69 Berthe Morisot, *Le repas chez Simon – Copie d'après Véronese* (Das Gastmahl im Hause des Simon – Kopie nach Veronese), 1860, Öl auf Leinwand, 53 x 112 cm (Abb. in: M.-L. Bataille/Georges Wildenstein: „Berthe Morisot. Catalogue des Peintures, Pastels et Aquarelles", Paris 1961, Nr. 2, S. 23, Abb. 84); Berthe Morisot, *Le Calvaire – Copie d'après Véronese* (Der Kalvarienberg – Kopie nach Veronese), 1860, Öl auf Leinwand, 70 x 70 cm (Abb. in: M.-L. Bataille/Georges Wildenstein: „Berthe Morisot. Catalogue des Peintures, Pastels et Aquarelles", Paris 1961, Nr. 2, S. 23, Abb. 85).

70 Zum frühen Einfluss Jean-Baptiste-Camille Corots auf die Kunst Berthe Morisots siehe etwa deren *La vue de Tivoli* (Ansicht von Tivoli), eine 1863 entstandene Kopie (Öl auf Leinwand, 42 x 59 cm, ehem. Sammlung Camille Pissarro) nach Camille Corots gleichnamigem Werk von 1843 (Öl auf Leinwand, 43,5 x 60,5 cm, Musée du Louvre, Paris). In Morisots *Étude* (Studie) von 1864 (Öl auf Leinwand, 60,3 x 73 cm, Mr. and Mrs. Fred Schoneman) sehen wir eine junge Frau in einem locker fallenden weißen Gewand, wie sie – hingestreckt am Ufer eines Gewässers, den Kopf in die aufgestützte Hand gelegt – in sich gekehrt ihren Gedanken nachhängt. Auch diese Darstellung verweist deutlich auf die Vorbildhaftigkeit Corots und weist eine enge Verwandtschaft zu dessen Werken aus dieser Zeit auf, etwa seinem *Das Geheimnis der Liebe,* 1865, Öl auf Leinwand, 50 x 68 cm (Abb. in: C. F. Stuckey/William P. Scott: „Berthe Morisot – Impressionist", Ausst.-Kat. National Gallery of Art, Washington/Kimbell Art Museum, Fort Worth (Texas)/Mount Holyoke College Art Museum, 1987/88, Abb. 7, S. 22).

71 Berthe Morisot, *Souvenir des bords de l'Oise* (Erinnerungen an die Ufer der Oise), 1863 (verschollen); Berthe Morisot, *Vieux chemin à Auvers* (Alter Weg in Auvers), 1863, Öl auf Leinwand, 45 x 31 cm, Privatsammlung.

72 Bspw. war Berthe Morisots *Chaumière en Normandie* (Hütte in der Normandie) von 1865 (Öl auf Leinwand, 46 x 55 cm, Privatsammlung) im Salon des Jahres 1866 ausgestellt.

73 Berthe Morisot, *Le plage de Fécamp* (Der Strand von Fécamp), 1873, Öl auf Leinwand, 24 x 51 cm (Abb. in M.-L. Bataille/Georges Wildenstein: „Berthe Morisot. Catalogue des Peintures, Pastels et Aquarelles", Paris 1961, Nr. 28, S. 25, Abb. 88).

74 Berthe Morisot, *Rivière de Pont-Aven à Rosbras* (Fluss von Pont-Aven bei Rosbras), 1866/67, Öl auf Leinwand, 55 x 73 cm, Mr. and Mrs. Joseph Regenstein jr., Chicago.

75 Berthe Morisot, *Vue de Paris des hauteurs du Trocadéro* (Blick auf Paris von der Anhöhe des Trocadéro), um 1871/72, Öl auf Leinwand, 46,1 x 81,5 cm, Santa Barbara Museum of Art, Gift of Mrs. Hugh N. Kirkland.

76 Edouard Manet, *Berthe Morisot au bouquet de viollettes* (Berthe Morisot mit einem Strauß Veilchen), 1872, Öl auf Leinwand, 22 x 27 cm, Privatsammlung.

77 Edouard Manet, *Le balcon* (Der Balkon), 1868/69, Öl auf Leinwand, 169 x 125 cm, Musée d'Orsay, Paris.

78 Berthe Morisot, *Eugène Manet á l'Île de Wright* (Eugène Manet auf der Insel Wright), 1875, Öl auf Leinwand, 38 x 46 cm, Privatsammlung; Berthe Morisot, *Marine en Angleterre, l'Île de Wright* (Seestück in England, die Insel Wright), 1875, Öl auf Leinwand, 38 x 46 cm, Privatsammlung.

79 Die Gruppe der eng verwandten Bilder, die Berthe Morisot während der Sommermonate 1881-1884 in Bougival malte, zu datieren, ist äußerst schwierig. Einen Anhaltspunkt könnte hierbei das Alter von Julie bedeuten, die während der ersten Sommer 1881 fast drei Jahre alt war und im Sommer 1884 schon fast sechs Jahre zählte; allerdings sind auch diese Hinweise mit einem gewissen Vorbehalt zu werten, denn bisweilen erscheint Julie auf später entstandenen Werken gleichwohl jünger als auf früheren. Zu dem kleinen Bild *Enfant dans la roses trémières* existiert eine vorbereitende Arbeit, ein Pastell: *Étude de fillette* (Studie eines kleinen Mädchens), 51 x 42 cm (Abb. in: M.-L. Bataille/Georges Wildenstein: „Berthe Morisot. Catalogue des Peintures, Pastels et Aquarelles", Paris 1961, Nr. 457, S. 53, Abb. 449).

80 Vgl. C. F. Stuckey/William P. Scott: „Berthe Morisot- Impressionist", Ausst.-Kat. National Gallery of Art, Washington/Kimbell Art Museum, Fort Worth (Texas)/Mount Holyoke College Art Museum, 1987/88, S. 95.

81 Berthe Morisot, *Un canal à Rotterdam* (Ein Kanal in Rotterdam), 1885, Öl auf Leinwand, 46 x 61 cm (Abb. in: M.-L. Bataille/Georges Wildenstein: „Berthe Morisot. Catalogue des Peintures, Pastels et Aquarelles", Paris 1961, Nr. 184, S. 35, Abb. 215).

82 François Boucher, *Venus in der Schmiede des Vulkans,* 1757, Öl auf Leinwand, 320 x 320 cm, Musée du Louvre, Paris. Vgl. Berthe Morisots *Vénus va demander des armes à Vulcain (Copie d'après Boucher),* 1884/86, Öl auf Leinwand, 114 x 138 cm, Privatsammlung, Paris.

83 Berthe Morisot. *Intérieur de cottage, Jersey* (Inneres eines Landhauses, Jersey), 1886, Öl auf Leinwand., 50 x 60 cm, Ixelles, Musée des Beaux-Arts, Collection F. Toussaint.

84 Berthe Morisot, *Nice vue de Cimiez* (Blick auf Nizza von Cimiez), 1888/89, Wasserfarben auf Papier, 21 x 29 cm, Privatsammlung.

85 Berthe Morisot, *Vue de la terrasse à Mézy* (Blick von der Terrasse in Mézy), 1890, Öl auf Leinwand, 53 x 65 cm, Privatsammlung, Washington.

86 Berthe Morisot, *Jeune femme au bal* (Junge Frau auf einem Ball), 1879, Öl auf Leinwand, 71 x 54 cm, Musée d'Orsay, Paris.

87 Pierre-Auguste Renoir, *Berthe Morisot et sa fille, Julie Manet* (Berthe Morisot und ihre Tochter, Julie Manet), 1894, Öl auf Leinwand, 81,3 x 65,4 cm, Privatsammlung.

88 Claude-Emile Schuffenecker, *Projet pour un plafond* (Entwurf für ein Deckengemälde), um 1867, Wasserfarben und Gouache, 34 x 27 cm, Paris, Musée du Louvre, Département des Arts Graphiques (aus dem Bestand des Musée d'Orsay).

89 Claude-Emile Schuffenecker, *Le Premier Meurtre – Mort d'Abel* (Der erste Mörder – Der Tod des Abel), 1884, Öl auf Leinwand, 98 x 133,5 cm, Musée Georges Garret, Vesoul.

90 Claude-Emile Schuffenecker, *Portrait de Femme en Rose [La Robe en rose, Dame en rose, Madame Schuffenecker]* (Porträt der Frau in Rosa, Das rosafarbene Kleid, Dame in Rosa, Madame Schuffenecker), 1883, Öl auf Leinwand, 100 x 81 cm, Französische Botschaft, Wien (Leihgabe aus dem Besitz des Musée d'Orsay, Paris).

91 Louis Brouillon veröffentlichte 1906 die erste Biographie über Paul Gauguin, von der eine Auflage von 250 Exemplaren von Harry Graf Kessler in Weimar herausgegeben wurde.

92 Georges Seurat, *Une baignade, Asnières* (Badende in Asnières), 1884, Öl auf Leinwand, 201 x 300 cm, National Gallery, London.

93 Richard Ranft: „Emile Schuffenecker", in: „Les Hommes d'aujourd'hui", vol. 8, 1891, N° 389.

94 Die ‚Société théosophique' war im Jahr 1875 gegründet worden (durch H. P. Blavatsky und W .Q. Judge).

95 Zu der 1901 bei Bernheim-Jeune gezeigten Retrospektive zum Werk Vincent van Goghs entlieh Schuffenecker 15 Gemälde aus seinem Besitz. Aus der Sammlung von Emiles Bruder Amédée wurden neun Werke van Goghs gezeigt und aus der Leclercq-Sammlung vier; noch im selben Jahr verstarb Julien Leclercq unerwartet.

96 Antoine de La Rochefoucauld: „Emil Schuffenecker", in „Le Cœur", Juli 1894, S. 4 – 8.

97 Zit. n.: Jill-Elyse Grossvogel: „Claude-Emile Schuffenecker. Catalogue raisonné", Bd. 1, San Francisco 2000, S. XVI (Übers. Vf.).

98 Amédée war mittlerweile nicht mehr als Wein- und Cidre-Händler tätig, sondern war Sammler und Händler von Kunstgegenständen, Musikinstrumenten und Möbeln.

99 Zit. n. Herbert Wotte: „Georges Seurat. Wesen. Werk. Wirkung", Dresden 1988, S. 93.

100 Edouard Manet, *L'Exécution de Maximilian* (Die Hinrichtung des Maximilian 19. Juni 1867): 1. Fassung, 1867, Öl auf Leinwand, 196 x 259,8 cm, Museum of Fine Arts, Boston; 2. Fassung, 1867, ursprünglich ca. 207 x 300 cm, Fragmente, National Gallery, London; 3. Fassung, 1868/69, Öl auf Leinwand, 252 x 305 cm, Kunsthalle Mannheim.

101 Paul Signac, 14. Dezember 1894, in: „Journal de Paul Signac" (wieder abgedruckt von John Rewald in: „Gazette des Beaux-Arts", Juli-September 1949, S. 112), zit. n.: Françoise Cachin/Marina Ferretti-Bocquillon: „Signac. Catalogue raisonné de l'œuvre peint", Paris 2000, S. 10 (Übers. Vf.); (*„Was für ein Maler! Er besitzt alles: Intelligenz, ein hervorragendes Auge, [...]! Sicherlich liebe ich seine schwarze und graue Manier, viel mehr als seine letzte, farbige Manier, die er den Impressionisten schuldig war."*)

102 Henri Guilbeaux: „Paul Signac et les Indépendants", in: „Les Hommes du jour", 22. April 1911, o.S.

103 Jacques Guenne: „Entretien avec Paul Signac, Président du salon des Indépendants", in: „L'Art vivant", 20. März 1925, S. 1-4.

104 Paul Signac, *La Seine, Quai d'Austerlitz – La Seine au pont d'Austerlitz* (Die Seine, Quai d'Austerlitz – Die Seine beim Pont d'Austerlitz), 1884, Öl auf Leinwand, 60 x 91 cm, Collection Kakinuma, Tokio.

105 Paul Signac, *Rue Caulaincourt,* 1884, Öl auf Leinwand, 35 x 27 cm, Paris, Musée Carnavalet, don de M. et Mme David Weill, 1955.

106 Auguste Renoir, *Les fiancés* (Das Ehepaar Sisley), 1868, Öl auf Leinwand,

105 x 75 cm, Wallraf-Richartz-Museum – Fondation Corboud, Köln, Inv.-Nr. WRM 1199.

107 Als ein Werk aus dieser Serie sei hier nur das Gemälde *Brücke bei Hampton Court* angeführt (1874, Öl auf Leinwand, 45,5 x 61 cm, Wallraf-Richartz-Museum – Fondation Corboud, Köln, Inv.-Nr. WRM 2929).

108 Zit. n.: „Loan Exhibition. Sisley", Ausst.-Kat. Wildenstein, New York 1966, o. S. (Übers. Vf.).

109 Sisleys Gemälde der Regatta von Hampton Court waren Wegbereiter für jene Bilder, die Gustave Caillebotte einige Jahre später, um 1887, in Petit-Gennevilliers bei Argenteuil schuf.

110 Vgl. hierzu auch Anm. 8.

111 Zit. n.: „Loan Exhibition. Sisley", Ausst.-Kat. Wildenstein, New York 1966, o. S. (Übers. Vf.).

112 In einem Brief vom 14. April 1879 an seinen Freund Théodore Duret schrieb Sisley: *„I have become tired of vegetating, and the time is ripe for me to make my decision. [...] We are still a long way from the position where it should be possible to ignore the prestige attached to official exhibitions. So I have decided to send some paintings to the Salon. [...]";* zit. n.: „Loan Exhibition. Sisley", Ausst.-Kat. Wildenstein, New York 1966, o.S. (Übers. Vf.); *(„Ich bin des Dahinvegetierens müde, und die Zeit ist reif für mich, meine Entscheidungen zu treffen. [...] Wir sind noch weit entfernt davon, das Prestige missachten zu können, welches öffentlichen Ausstellungen beigemessen wird. Deshalb habe ich beschlossen, einige Bilder im Salon einzureichen. [...]").*

113 Brief Camille Pissarros an seinen Sohn Lucien vom 22. Januar 1899, in: „Letters of Camille Pissarro to his son Lucien", Paris 1950, S. 465, zit. n.: „Loan Exhibition. Sisley", Ausst.-Kat. Wildenstein, New York 1966, o.S. (Übers. Vf.)

Impressum

Diese Publikation erscheint anlässlich der Ausstellung

Couleur et lumière
französische Malerei von 1870 bis 1918

Werke aus dem Wallraf-Richartz-Museum
– Fondation Corboud, Köln

in den Kunstsammlungen Chemnitz
vom 5. Dezember 2004 bis 27. Februar 2005

Kunstsammlungen Chemnitz
Direktorin: Ingrid Mössinger
Sekretariat: Margit Mothes, Verena Friedrich
Theaterplatz 1, D-09111 Chemnitz
Tel.   +49-(0)371/4884424
Fax.   +49-(0)371/4884499
www.chemnitz.de/kunstsammlungen
E-mail: Kunstsammlungen@Stadt-Chemnitz.de

Herausgeber
    Kunstsammlungen Chemnitz
    Ingrid Mössinger, Beate L. Ritter

Ausstellungs- und Katalogkonzeption
    Beate L. Ritter

Ausstellungsassistenz
    Jana Bille

Katalogmitarbeit
    Tatjana Fischer, Martin Kaune

Restaurator
    Detlef Göschel

Ausstellungsaufbau
    Klaus Kühn, Andreas Lange, Michael Mehlhorn

Museumspädagogik
    Petra Reichmann

Lektorat
    Tanja Kemmer, Kerber Verlag

Gestaltung
    Klaus-Peter Plehn, Kerber Verlag

Die Kunstsammlungen Chemnitz wurden im September
2001 in das Blaubuch der gesamtstaatlich bedeutsamen
Kultureinrichtungen im Osten Deutschlands aufgenommen
und sind seit 2002 Mitglied der Konferenz Nationaler
Kultureinrichtungen.

Fotonachweis
    Rheinisches Bildarchiv, Köln (sämtliche Abbildungen)

Autorenkürzel
    R.B. (Rainer Budde); P.D. (Peter Dittmann);
    B.R. (Beate L. Ritter); B.S. (Barbara Schaefer)

Umschlagvorderseite
    Norbert Goeneutte (1854–1894)
    Portrait de femme (Berthe Morisot), um 1875
    Porträt einer Frau (Berthe Morisot)
    Öl auf Leinwand, 55 x 46 cm
    Wallraf-Richartz-Museum - Fondation Corboud,
    Köln, Inv.-Nr. Dep. FC 746

Umschlagrückseite
    Henri Edmond Cross (1856-1910)
    Paysage provençal, 1898
    Landschaft der Provence
    Öl auf Leinwand, 60 x 81,2 cm
    Wallraf-Richartz-Museum –- Fondation Corboud,
    Inv.-Nr. Dep. FC 659

Frontispiz
    Berthe Morisot (1841–1895)
    Enfant dans les roses trémières, 1881
    Kind zwischen Stockrosen
    Öl auf Leinwand, 50,5 x 42,5 cm
    Wallraf-Richartz-Museum - Fondation Corboud,
    Inv.-Nr. Dep. FC 614

© Kerber Verlag, Bielefeld 2004
    Kunstsammlungen Chemnitz und die Autoren
© für die abgebildeten Werke bei den Künstlern, ihren
    Erben oder Rechtsnachfolgern mit Ausnahme von:
© VG Bild-Kunst, Bonn 2004
    für: Emile Bernard, Albert Besnard, Maurice Denis,
    Raoul Dufy, Georges d'Espagnat, Henri Lebasque,
    Henri Le Sidaner, Gustave Loiseau, Maximilien Luce,
    Albert Marquet, Henri Martin, Jean Metzinger, Francis
    Picabia, Paul Signac, Louis Valtat

Die Künstlerbiographien (außer von Gustave Caillebotte
und Georges Seurat) sind leicht gekürzte, die Bildlegenden
ergänzte Übernahmen aus: Miracle de la couleur, hrsg.
von Rainer Budde und Barbara Schaefer, Wallraf-
Richartz-Museum – Fondation Corboud, Köln 2001.

Gesamtherstellung und Vertrieb
    Kerber Verlag, Bielefeld
    Windelsbleicher Str. 166-170
    D-33659 Bielefeld
    Tel. +49 (0) 521/9 50 08 10
    Fax +49 (0) 521/9 50 08 88
    e-mail: info@kerber-verlag.de
    www.kerber-verlag.de

ISBN 3-938025-05-0